나는 왜
책읽기가
힘들까?

도야마 시게히코 지음

문지영 옮김

나는 왜 책읽기가 힘들까?

당신의 편견을 깨는

생각지도 못한 독서법

다온북스
DAON BOOKS

차례

추천사 | 인생을 위한 생각지도 못한 독서법 • 8

1장 | 책은 선물하는 것이 아니다 ────────

거리를 두어야 얻는다 • 15 | 책은 자기 돈으로 사야 한다 • 22 |
서평의 함정 • 25 | 책에 의리 지키지 마라 • 29

2장 | 좋은 책이 외면당하는 이유 ────────

금서라는 이름의 매력 • 35 | 독서 부자유의 시대 • 40 | 의무감
이 독서를 망친다 • 44 | 악서가 양서를 구축한다 • 49

3장 | 알 때까지 읽는다? ────────

논어를 알되 논어를 모르다 • 55 | 난해한 문장에 겁먹지 마
라 • 58 | 완벽한 이해는 없다 • 62 | 정독인가, 속독인가? • 65 |
재미가 없다면 버려라 • 67

4장 | 박학다식한 바보를 만드는 독서법 —————

독서신앙이 부른 지적 근시 • 73 | 지식과 사고 • 78 | 삶에 가까운 독서 • 82

5장 | 의미를 해체하는 읽기 속도 —————

속독과 지독 • 89 | 정성스럽게 읽은 책이 화가 되어 돌아오다 • 94 | 언어의 생명 • 98

6장 | 익숙한 독서는 위험하다 —————

비상식적 독서 • 103 | 알파 읽기와 베타 읽기 • 106 | 장르에 구애받지 않는다 • 110 | 난독 입문 텍스트 • 114 | 실패를 두려워하지 않는다 • 116

7장 | 난독이 선물하는 뜻밖의 발견 —————

세렌디피티 • 121 | 독서의 화학반응 • 126 | 난독의 위대한 탄생 • 130

8장 | 언어의 흐름을 살려야 의미가 산다 —————

나의 난독 • 137 | 말의 비연속의 연속 • 142 | 난독의 재발견 • 148

9장 | 작가와 작품을 절대시하지 마라

문학이란 무엇인가? • 153 | 나의 독자론 • 157 | 작가만 존재하는 독서 • 162 | 불리한 조건의 권유 • 165

10장 | 글을 새롭게 하는 힘, 에디터십

교사로서의 좌절 • 171 | 독자는 어디에 있는 것일까? • 174 | 이차적 창조 • 177 | 독자를 놀라게 하는 기획 • 180

11장 | 모국어가 지배하는 독서의 발견

모국어를 잊어버리다 • 185 | 아일랜드와 콘티넨털형 언어 • 190 | '악마'라고 불리던 일본어 • 194

12장 | '고전'이라 불리는 생명력

문학사에 대한 수수께끼 • 201 | 고전의 탄생 • 205 | '천년을 살아남다'? • 209 | 30년 후의 관문 • 211

13장 | 난담이 두뇌를 깨운다

2045년의 문제 • 217 | 듣는 지성이란? • 221 | 수다의 지적 창조성 • 226 | 지력을 깨우는 난담의 힘 • 231

14장 | 기억만큼 망각도 중요하다 ────────

지적 메타볼릭 증후군 • 235 | 자연 망각이 필요한 이유 • 238 |
새로운 망각의 권유 • 244 | 기억도 신진대사를 한다 • 246

15장 | 산책하듯 읽는다 ────────

나의 두뇌는 걷지 않으면 잠들어버린다 • 253 | 산책 예찬 • 257
| 새로운 사고를 추구하다 • 261 | 산책은 두뇌에 리듬을 준
다 • 264

16장 | 아침과 함께 깨어나라 ────────

밤샘 공부의 배신 • 269 | 밤에는 어떤 것도 하지 않는다 • 273
| 월광문화에서 일광문화로 • 276 | 두뇌는 아침에 가장 건강하
다 • 281

맺음말 | 난독의 세렌디피티를 전하며 • 285

---

* 일러두기
  이 책에서 말하는 전쟁은 제2차 세계대전(1939~1945)을 의미한다.

인생을 위한
생각지도 못한 독서법

과거에는 책이 귀했다. 지금 우리가 인문고전이라 부르는 대부분의 책들은 그런 이유로 수많은 책 중에 살아남은 책이 아니다. 얼마 되지 않은 책들이 구전으로 전해지고, 쉽게 구할 수 없는 양피지에 남겨졌다. 아무나 볼 수 있는 것이 아니었다. 사서삼경을 반드시 읽어야 했던 이유도 읽을 책이 그만큼 귀했다는 반증이다.

그러나 현대인에게 독서를 위한 책 선택은 너무 어렵다. 한국에서 1년에 나오는 신간만 40,000종이 넘는다. 대형 서점에 가 보면 수없이 펼쳐져 있는 책들이 나를 선택해달라고 화려한 표지와 함께 자태를 자랑한다. 평생 읽을 책이 기껏해야 100권 내외라면 부담 없이 아무 책이나 읽으면 되지만, 평생 읽어도 못 읽을 정도로 책이 쏟아지고 있다. 하루에 책 한 권을 읽어도 도저히 시중에 나와 있는 책을 다 소화하지 못한다.

1년에 200권 내외의 책 리뷰를 올리는 나 자신도 단행본 신간 기준으로 1%도 안 되는 책 리뷰를 쓸 정도다. 수없이 많이 쏟아지는 책 중에서 어떤 책이 좋고 나쁜지를 판단하기는 쉽지 않다. 모든 책을 사서삼경 대하듯이 읽고 또 읽으며 그 뜻을 헤아려서 통독하고 완독하는 것은 이제 불가능하다. 현대인에게 이런 독서 방법은 그 자체로 질려서 포기하게 만들 것이다.

독서란 행위를 시작한 책을 끝까지 읽어야 할 소명이 있는 것으로 착각하는 사람들이 많다. 갈수록 독서가 현대인에게 어려운 이유다. 책이 너무 많으니 어떤 책이 좋은지 도저히 식별도 안 되어 질려버린다. 《나는 왜 책 읽기가 힘들까?》의 저자인 도야마 시게히코는 이런 사람들을 위해 난독亂讀을 권한다.

읽기에는 두 종류가 있다.

하나는 전날 TV에서 본 야구 시합 기사를 읽는 것처럼 읽는 사람이 내용에 대해 사전 지식을 가지고 있을 때 적합한 읽기 방법이다. 이를 알파 읽기라고 부르도록 하자. 즉, 사전에 읽을 내용에 대해 알고 있는 경우, 알파 읽기가 된다.

또 다른 하나는 내용과 의미를 모르는 문장을 읽는 경우에 사용하는 방법으로 이를 베타 읽기라고 하자. 모든 읽기는 이 두 가지 중 어느 하나에는 해당한다.

이와 같이 우리들은 대부분 알파 읽기로 비슷한 분야의 책만 골라 읽는다. 주로 문학작품이 해당한다. 인문고전도 엄밀히 말해 같은 분야다. 물론 인문고전은 최소한 50년 넘게 사람들에게 선택받았다. 인류의 보편타당한 이야기를 전달하며 시간이 지나도 잊히지 않고 선택되어왔다. 하지만 과거와 달리 복잡한 사회를 살아가는 현대인에게는 다양한 분야의 독서가 더 중요하다.

책이 넘쳐나는 현대인에게 저자는 난독을 권한다. 좋은 책을 선별하기 힘든 상황에서 굳이 모든 책을 정독으로 끝까지 읽을 필요는 없다고 한다. 읽다 '영~ 아니다' 싶으면 포기하라고 권한다. 과거와 달리 수없이 쏟아지는 책의 홍수 속에서 오히려 더 좋은 독서 방법이라고 한다. 이럴 때 오히려 '세렌디피티'가 생겨난다고 알려 준다.

뜻하지 않은 행운이라는 뜻으로 널리 알려진 세렌디 피티를 이 책에서는 '생각지도 못한 뜻밖의 발견을 하는 능력'이라 정의한다. 문학, 학문, 예술, 문화 분야의 책은 주로 과거의 우수한 산물을 후대에 전달해주는 것에 초점을 맞춘다. 이렇게 수동적인 독서 방법으로는 진정한 독서를 할 수 없다. 다양한 분야의 책을 난독하며 읽을 때 머리에서 화학작용이 발생한다.

같은 분야의 책만 읽어서는 오히려 획일적인 생각만 생긴다. 전혀 다른 분야의 책은 읽다 중단한 책이라도 더 기억에 남는다. 생전 처음 접한 내용에 낯설고 당황스럽 지만 이런 정신적 화학작용이 융합되어 뜻하지 않은 '세 렌디피티'가 생겨난다. 어렵더라도 부담 없이 독서를 시 도한다. 과학 실험에서 실패가 누적되면서 점차 더 좋은 결과로 발전하는 것처럼 독서도 똑같이 개선된다.

난독을 어떤 식으로 해야 우리는 세렌디피티를 가질 수 있을까. 이 부분은 이 책을 직접 읽고 확인해보길 권 한다. 저자의 지식과 경험이 만나 그 자체로 세렌디피티가 이루어지는 과정을 엿볼 수 있을 테니 말이다. 저자가 권하는 난독을 이미 실천하고 있는 내 입장에서 공감이 많이 되었다. 다양한 분야의 책을 읽어야만 세렌디피티를 얻을 수 있다.

난독은 생각지 못한 커다란 효과를 독서가에게 전달한다. 사람들은 단순한 독서가에 그치지 않고 독서라는 행위가 인생에 큰 도움이 되어 인생이 변화되길 원한다. 가장 좋은 방법은 바로 난독이다. 당신에게 이제부터 시작할 난독의 출발점이 되는 책이 되기를 바란다.

— 이재범(블로거 '핑크팬더',
독서 및 투자 칼럼니스트·강연가)

1장

책은
선물하는 것이
아니다

거리를 두어야 얻는다

"또 책 냈다며? 늘 그랬듯이 이번에도 안 줄 거지? 좀 주면 어때!"

중학생 때부터 친하게 지낸 친구가 거리낌 없이 말했다. '그렇게 쩨쩨하게 굴지 마!'라고까지는 아니지만, 그와 비슷한 뉘앙스를 풍겼다. 많이 들은 말이라 이제는 그러려니 한다.

"이런 말 이상하게 들리겠지만, 자네들처럼 친한 사이일수록 내 책은 안 읽었으면 좋겠어. 왠지 창피하기도 하고."

"왜? 이유를 모르겠네. '안 읽었으면 좋겠다'라니. 그럼 책은 왜 내는 거야? 정말 속을 알 수가 없네."

"지인이나 친한 사람들이 내 책을 읽는 게 좀 부끄럽네. 그래서 가족한테도 안 보여주거든. 안 읽었으면 하기도 하고. 그 대신 어디에 사는 누군지도 모르는 사람은 한 사람이라도 더 많이 읽어줬으면 하고 바라긴 해."

"왜 그런지 모르겠네. 친하다고 생각하면서 책도 주지 않는 건 아무리 생각해도 좀 섭섭해."

"미안, 내가 좀 그렇지……."

사실 책을 지인들에게 보내지 않게 되기까지는 약간의 각오가 필요했다.

책을 출간하기 시작한 것은 30대 중반을 지나면서부터로, 나이가 들면 아이가 더 예뻐 보이는 것처럼 뒤늦게 집필한 책이 출간되었을 때는 아주 기뻐 어쩔 줄 몰랐다. 수십 권을 여기저기 선물하며 우쭐하기도 했다.

어느 해 연말쯤에 또 한 권의 책이 출간되었다. 연말이었지만 언제나처럼 책을 보냈다. 그런데 해가 바뀌어도 잘 받았다는 엽서 한 장 오지 않았다. 허물없는 지인에게 물어보았더니 책을 받지 못했다고 했다. 책을 받았는지 확인하는 일 따위는 삼가야 했지만, 어쨌든 책은 도착하지 않은 듯했다. 연말연시에 고용된 아르바이트

집배원들이 연하장을 배송하지 않고 하수구에 버렸다는 뉴스가 보도되었을 무렵이었다. '내 책은 어느 정도 부피가 있으니 하수구에 버리기는 어려웠을 테고, 혹시 강에 흘려 버린 것은 아닐까?' 이런 상상을 했더니 기분이 언짢아졌다. 연말에 보내는 게 아니었다며 후회하는 동안, 애당초 재미없는 책을 바쁜 사람에게 일방적으로 보낸 게 잘못이었다는 생각이 들었다.

직접 집필한 책을 선배나 친구에게 보내는 것은 순전히 저자 마음이다. 책을 달라고 조르는 것도 아닌데 일방적으로 보낸다. 책을 받은 쪽에서는 받고 나서 모른 체할 수 없는 경우가 많다. 어쨌든 잘 받았다는 감사 인사를 할 수밖에 없다. 물론, 다 읽지도 않은 채 말이다. '조만간, 천천히 읽어보겠습니다……' 등이 적힌 편지를 받는다 해도 '조만간'이라는 시간이 진짜로 올 리 없기에 읽지 않은 채 쌓아놓은 책 중 한 권이 될 것이다.

나 또한 다른 사람에게 책을 받았을 때를 돌이켜보면 고마운 마음 반, 불편한 마음이 반인 때가 많았다. 감사의 편지를 보내는 것도 귀찮고, 감사의 편지를 쓰는 동안 책 읽을 마음이 사라진 적도 많았기 때문이다. 그래서 무턱대고 타인에게 책을 보내는 것은 사교적인 면에서도 그다지 바람직한 행동은 아니구나, 그렇게 생각하게 되었다.

게다가 배송 사고라니, 애당초 책을 보내지 않았으면 되었을 텐데. 앞으로는 단 한 권도 선물하지 말아야겠다고 결심했다.

그러다 보니 오해를 많이 받는다.

출판사 관계자는 '그래도 좀 사주면 좋겠는데……'라는 표정을 짓거나 직접적으로 말을 하기도 했다. 그러면 나는 마음을 독하게 먹고는 "증정용으로는 한 권도 주지 않을 겁니다." 이렇게 대답했다. 서로 익숙해지면 별일 아니다. 오히려 최근에는 출판사가 이런 생각을 이해해주고 있다. 증정할 곳을 신경 쓸 필요가 없어졌다, 책이 출간되어도 번거로운 일을 전혀 하지 않아도 되니 고맙다고 말이다.

일본에는 '다른 사람에게 받은 약은 효과가 없다'라는 말이 있다. 약은 역시 돈을 주고 사야 하는 것이다. 비싸면 비쌀수록 효과가 좋다는 생각이 약국으로 발걸음을 옮기게 한다. 책은 약만큼 고마운 것은 아니지만 역시 돈을 내고 사는 것이 옳다. **공짜로 받는 책은 재미가 없다. 오히려 직접 구매한 책에서 감동하는 경우가 많다.**

저자의 얼굴이 어른어른해서야 진짜 독서라 할 수 없다. 아무리 뛰어난 사람이 집필한 책이라도 가까운 사람들의 마음을 움직이기는 어렵다. 더군다나 부모, 형제가 쓴 책을 탐독한다니, 쉽지 않은 일이다. 친한 친구 사이라면 책에 투영된 저자의 이미지를 뿌리치고 직접 책과 마주 보기 어렵다. 친구의 책일수록 좋은 독자가 되기 어렵다는 말이다.

중학생 때부터 친하게 지낸 친구가 내 책을 읽지 않았으면 하는 것은 나와 너무 가까운 사이이기 때문으로, '가까우면 가까울수록 좋은 영향을 미치지 않는다'라는 세상의 이치를 따른 것이다.

독서에도 거리의 미학이 존재한다.

가까운 것은 멀리하고 싶다. 멀리서 보아야 아름답다. 산기슭에 서면 돌멩이와 붉은 흙이 민낯을 드러내 눈을 멀리 돌리고 싶게 하지만, 멀리서 바라보면 희미하게 보이는 푸르름이 아름답다.

사람도 닮은 부분이 있다.

바로 옆에 있으면 어딘가 거친 부분이 눈에 들어오기 쉽다. 보통 나와 가까운 관계의 사람을 훌륭하다고 생각하는 경우는 드물다. 그렇기에 '시종의 눈에 영웅은 없다'는 말도 나온 것이겠지. 그렇다면 아무 생각 없이 타인에게 다가가는 것 또한 신중하게 생각해봐야 한다.

오히려 관계가 먼 사람과의 교류가 바람직할 수도 있다. 주변의 친한 사람과만 만난다면 아름답거나 순수한 것을 접하기 어렵다.

일본 전래 동화《모모타로》는 가까운 사이끼리만 있을 경우의 위험성을 암시하고 있다. 강을 따라 흘러내려온 복숭아에서 태어난 모모타로는 먼 관계의 사람이었다. 그러나 마을 사람들이 먼 관계의 모모타로를 받아들였기에 도깨비를 물리치는 어진 마음씨의 용맹한 영웅이 탄생할 수 있었다.

《논어》에 보면 '먼 곳에서 벗이 찾아오니有朋自遠方來 또한 즐겁지 아니한가?不亦樂乎'라는 말이 나온다. 이렇게 말하면 어떨지 몰라도 가까운 친구는 그만큼 고맙게 느끼기도, 함께 있어 즐겁다고 느끼기도 조금 어렵다.

먼 관계의 사람은 성향을 잘 알 수 없어 불안할 때도 많지만 기쁨, 새로움 등은 그러한 불안에서 탄생한다. 친한 동료, 익숙한 물건은 대부분 불필요하다. 우리는 잘 알고 있는 것이나 잘 아는 사람들에게서 좋은 영향을 받는 데 서툴다. 그 대신 정체를 알 수 없는 사람에게서

뜻밖의 아름다운 오해와 함께 깊은 가르침을 받을 수도
있다.

책은 자기 돈으로 사야 한다

책은 직접 사서 읽어야 한다.

선물 받은 책은 고마움이 줄어든다. 유익한 점이 별로 없다. 반발하게 되는 경우가 많다. 어디의 누가 쓴 것인지 명확하지 않은 책에서 저자도 의도하지 못한 계시를 받는 때가 있다. 책은 자기 돈으로 사야 한다. 그러한 책에서만 뜻밖의 발견을 할 수 있다.

요즘은 도서관이 잘 갖춰져 있어 책을 직접 사지 않아도 빌려서 읽을 수 있다. 예전에는 상상도 못 했던 일로 현대사회가 자랑할 만한 것 중 하나다. 그래서 편리해졌다고 기뻐하는 사람이 많지만, 조금 생각이 짧지 않나

싶을 때도 있다.

'도서관에 있는 책들을 무료로 읽을 수 있다니, 정말로 훌륭한 생각이야.' 일반적으로는 이렇게 생각하겠지만, 이 세상에 공짜보다 비싼 것은 없다. 내 눈으로 직접 고르고 내 돈으로 산 책은 공짜로 빌려온 책보다 훨씬 중요한 의미가 있다. 도서관 측의 판단으로 구매한 책을 공짜로 빌려오는 것은 자기 책임의 정도가 옅어짐을 의미한다. 물론 도서관에서 빌린 책에서도 감동할 수 있으며, 도움을 얻을 수도 있다. 그러나 직접 고르고 사서 읽어보며 '이럴 수가!'라고 느끼는 편이 진중한 독서를 했다고 할 수 있다.

책을 선택하는 일은 의외로 큰 의미가 있다. 그러나 다른 사람에게 **책을 선물 받는다는 것은 스스로 책을 선택할 수 없다는 의미이며, 빌려 읽는 도서관 책이 재미가 없다는 것 또한 다른 사람에게 기대고 의지하게 되는 어떤 부분이 있기 때문이다.**

흘러넘치는 책 속에서 무엇을 찾아 읽을까? 이것을 결정하는 일은 고도의 지적 활동이다. 적당하게 책을 살수록 실패할 확률이 높아지는 것은 당연하다.

현명한 독자는 그 실패에서도 무언가를 배운다. 그러

나 요령 좋은 사람은 조심성이 많다 보니 실패를 두려워
하여 실패하지 않을 적당한 안내를 바란다.

서평의 함정

신간 서적은 신문이나 잡지에 서평이 실린다. 신중한 독자는 서평을 지침 삼아 책을 선택한다. 그러나 이는 자기 방치라 할 수 있다.

요즘에는 대부분의 서평에 서평자의 이름이 표시된다. 무명으로 서평을 쓸 수 있는 사람은 일본 내에서 아무리 많아도 손에 꼽을 정도이지 않을까 생각한다.

직함과 실명을 드러내며 작성한 서평이 그 책을 정확하게 소개하고 비평하며 안내한다는 것은 정말 어려운 일이다. **좁은 전문 분야의 지식을 가지고 있는 것만으로는 제대로 된 서평을 쓰기에 한계가 있다.**

참으로 근시안적인 서평가다. 급하게 읽고 급하게 정리한 듯한 서평이 정곡을 찌르는 내용으로 작성되었을 리 만무하다.

영국 일간지 〈더 타임스〉의 '리터러리 서플리먼트Literary Supplement'라는 주간 문예 특집은 가장 권위 있는 서평지 중 하나로 알려져 있다. 물론 익명으로 게재한다. 약 50년 전의 일이기는 하지만 리터러리 서플리먼트가 마음을 크게 먹고 일을 벌인 적이 있다. 당시를 기준으로 25년 전의 지면을 그대로 재간행한 것이다. 어지간한 자신이 있지 않고서야 할 수 없는 일이었다.

그러나 리터러리 서플리먼트는 그만큼 자신감과 자부심을 가지고 있었다. 재간행된 지면을 본 독자들은 놀라지 않을 수 없었다.

호평, 절찬을 받은 책이 재간행되어 읽어보면 '그 정도로 평가받을 책은 아닌 것 같은데……'라는 의구심이 드는 경우가 많은데, 그런 책들은 얼마 지나지 않아 사람들에게서도 잊히기 십상이었다. '올해 최대의 수확' 등으로 평가받았던 책도 지금은 대부분 그 이름이 사라졌다. 오히려 출간되었을 때에 결점이 많다고 평가받던 책이 지금은 고전적이라 불리는 사례도 있어 동시대의 비평이 얼마나 어려운지 여실히 보여주고 있다.

원작 출간 시점의 서평이 정확한 것인지, 현 독자의 서평이 정확한 것인지의 문제는 아니다. 신간 서적의 서평은 단명한다는 것이 명확하다는 점에서 〈더 타임스〉의 문예 비평이 예전 지면으로 재간행되었다는 것은 큰 의미가 있다.

즉석 비평, 신간 서적의 서평이 얼마나 어려운지 우리는 잘 알고 있다. 현재 신간 서적의 서평을 게재하고 있는 지식인이 그 위험성을 충분히 인지하여 일부러 책임을 명확하게 하고자 직함이 붙은 실명으로 게재한 것이라면 이야말로 대단한 지적 용기라고 할 수 있다. 그러나 과연 지금의 우리 사회는 그런 서평가를 지지해줄 만큼 성숙해 있을까?

나는 50년 전에 〈더 타임스〉의 리터러리 서플리먼트가 재간행되기 전부터 서평은 무시무시한 것이기에 함부로 써서는 안 되겠다고 마음먹었다.

신출내기 연구자에게 원고 의뢰가 들어오는 경우, 대부분이 서평이다. 원고용지 두 장 반, 마감일은 언제라고 지정되어 있다. 뭐든지 했던 젊은 시절에는 두세 번, 의뢰를 받아들여 서평을 작성한 적이 있다. 그러나 맡고 나서 후회했다. 한 번만 읽고서 작성하기에는 불안하여 다시 읽어보고 싶었지만 그럴 시간이 없었다. 실제로 다시 읽어본 적도 있기는 하지만, 오히려 생각이 분산되어 정리하기가 어려웠다. 항상 뒷맛이 영 개운치 않았다.

어느 날부터 앞으로는 서평을 하지 않겠다고 마음먹고 서평 의뢰는 모두 거절하기 시작했다. 그러다 보니 점점 의뢰도 줄어들어 마음이 편안해졌다. 나의 이러한 생각을 잘 모르는 곳에서 서평 문의가 오면 '저는 서평 의뢰는 받지 않습니다'라고 거절한다. 어른스럽지 못하다는 열등감을 느끼는 한편, 서평 같은 것은 해서는 안 된다는 결심도 꿈틀거린다.

책에 의리 지키지 마라

다른 사람의 의견에 따르지 않고, 스스로 판단해 책을 골라 자신의 돈으로 구매한다. 책을 산 이상 읽어야 할 의무감 같은 것이 샘솟기 마련이지만, 책을 펼쳐보니 이 책은 아닌 것 같다는 생각이 든다면 읽다 만 책이라도 신속히 내팽개치자. 매우 난폭해 보일지는 몰라도 싫은 책을 읽는다 한들 그 책에서 얻을 수 있는 것은 별로 없다. 오히려 왜 내팽개쳤는지, 왜 읽다 말았는지를 반성하자.

닥치는 대로 책을 사서 읽는다. 못 읽겠다고 생각되는 책은 내던진다. 자기 돈으로 산 책이다. 어떻게 하든

자유다. **책에 의리를 지켜 독파하거나 다 읽는다면, 박식한 사람은 되겠지만 지적 개성은 점점 줄어들 것이다.**

신간 서적은 아주 새롭다. 고서는 낡았다. 출간된 지 5~6년 정도 지난, 딱 읽기 좋을 만한 책들은 손에 넣기 어려운 경우가 많다. 도서관은 이럴 때 도움이 된다.

무엇보다도 어떤 책이 출간되는지 독자는 알 수 없다. 책이 너무 많다. 작은 서점에는 서점 주인의 성향에 따라 선택받은 책들이 조르르 나열되어 있을 뿐이다. 이런 곳에서 재미있어 보이는 책을 발견하는 일은 산에서 물고기를 잡는 것과 같다. 그렇다고 해서 대형 서점에 가 보면 그곳은 또 책의 바다와 다름없다. 나침반이 없는 독자는 어찌할 바를 모른다.

결국, 맹목적으로 닥치는 대로 읽을 만한 책을 사 온다. 그렇게 가벼운 호기심에 이끌려 읽는다. 바로 난독亂讀이다. 읽을 책이 별로 없던 옛날에는 생각하기 어려운 방법이지만, 책이 흘러넘치는 시대에 가장 무시무시한 독서법이 바로 난독이다.

다른 사람에게 선물 받은 책은 난독하기 어렵다. 그래서 나는 다른 사람에게 책을 선물하지 않는다. 게다가 서평도 쓰지 않는다. 이 또한 나 자신을 소중하게 생각하고 싶기 때문이다.

난독이 좋겠다. 그렇다고 읽고 버린다고 하여 결코 책을 함부로 취급한다는 것은 아니다. 오히려 소소한 독자가 점차 많은 것을 이해하게 된다.

2장

좋은 책이
외면당하는
이유

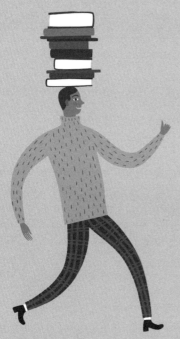

금서라는 이름의 매력

지금까지 세계에서 가장 많이 읽힌 책은 바이블, 즉 성경이라고 한다. 유럽을 중심으로 한 주요 국가에는 그 나라의 언어로 번역된 성서가 있다. 종류도 몇 가지나 된다. 영어로 번역된 성서 중에서는 흠정역 성서가 뛰어나다고 평가받고 있는데, 이후에 간행된 《간음성서》(악마의 성서) 또한 그에 못지않게 유명하여 세계의 관심과 흥미가 집중되었다.

1631년 런던에서 인쇄된 《간음성서》는 모세의 십계명 중 제7계명인 '간음하지 말지니라Thou shalt not commit adultery'의 '말지니라not'가 빠진 채 '간음하라'라고 인쇄되어 출판되었다. 발행 후에야 그 사실을 발견한 교회에서는 당장 모든 성서를 회수하여 소각할 것을 명했다. 엄명이었기에 남아 있는 성서가 없어야 했지만, 실제로는 세 부가 남아 있다는 에피소드로도 유명하다.

공표된 것은 세 부이지만 실제로는 더 많은 사람이 은닉했을 것이다. 악서는 끈질기다. 금지 명령 따위로는 완전히 없앨 수 없다. 금서이기 때문에 재미있는 것이다. 안 된다고 할수록 보고 싶어 하는 것이 인간이다.

가톨릭 교회는 예로부터 매년 신자가 읽어서는 안 되는 책 리스트인 '금서 목록'을 공표했다. 신앙적인 면에서 바람직하지 않은 사상이 포함되어 있거나 신자에게 유해하다고 판단된 서적을 비난의 대상으로 삼았다.

물론 이 목록에 따라 금서를 피하는 신자도 많겠지만, 오히려 이 목록에 포함되어 금서로 공표되는 순간 그때까지는 아무렇지도 않게 생각했던 책이 갑자기 매력적으로 느껴지면서 남몰래 읽게 된다는 '괘씸한 사람'도 적지 않은 듯하다.

신도가 아닌 사람 중에서도 가톨릭에 관심을 보이는 사람이 적지 않지만, 금서가 공표되면 종교적인 관심보다 금서 목록에 더 흥미를 보이기도 한다. 즉, 가톨릭 교회는 금서를 만들어 공표함으로써 오히려 금서들을 추천하는 셈이며, 일반인들에게도 '재미'있는 책을 홍보해주는 셈이 된다.

금서가 추천 도서보다도 더 재미있다고 생각하는 게 바로 사람이다. '전문가 절찬'을 내세워 홍보한들 그 문구만으로 책에 흥미를 갖는 사람이 있다면 '안타깝게도' 아마 상식적인 사람일 것이다. 조금이라도 개성 있는 사람이라면 전문가가 한 목소리로 칭찬하는 책이 '재미'있을 리 없다는 것쯤은 스스로 판단할 것이다.

전쟁이 일어나기 전, 그 시절의 청년들은 지금보다도 더 많은 책을 읽었지만 그다지 개성적이지는 않았다. 오히려 상식적인 독자가 많았다. 철학적인 것이 교양 있다고 믿은 나머지 난해한 번역에 매달리고는 제멋에 겨워 허세를 부렸다. 이해하기 힘든 번역서가 알기 쉬운 계몽서보다도 인기가 있었던 것은 오히려 내용을 잘 모르기 때문이었다. 재미있지 않았기 때문이었다. 번역한 번역가조차도 제대로 이해한 것인지 의구심이 드는 번역이었다. 캄캄한 밤에 박쥐를 쫓는 것처럼 소리는 나지만 모습은 보이지 않았다. 이러한 책과 격투를 벌이는 것은 청춘의 사치이자 허영이었다. 이해하기 어렵기에, 악서이기에 제대로 된 양서를 압도했다.

전쟁 전에는 사회주의적인 사상이 권력에 의해 금지되어 사회주의적인 활동이 처벌을 받던 시기였다. 안 된다고 할수록 오히려 호기심이 자극되어 더 보고 싶어지는 것이라고는 확언할 수 없지만, 확실히 마음이 끌리기는 한다. 남몰래 읽는 금단의 열매는 언제나 감미롭다. 정부의 지침에 따라 도망가야 마땅하지만, 가까이 가서는 안 된다는 말을 들으면 돌연 들여다보고 싶어진다. '금지되었으니 조심하자', '가까이 다가가서는 안 된다'라고 말하는 사람은 의지가 약하며 진중하지 못하다는 취급을 받았다.

옛날 젊은이들이 위험한 사상에 마음이 끌린 것은 사실이지만, 그저 재미있기 때문만은 아니었다. 오히려 잘 몰랐기 때문이었다. 사회주의적 사상의 책은 대부분이 번역서로, 번역문 자체가 일본어와는 동떨어져 있었다. 그렇기에 재미있다고 착각한 것이다.

그와 더불어 '위'로부터 금지된 책이기도 했다. 오히려 책을 읽고 싶다는 의욕이 불타오르지 않는 것이 이상할 정도였다. 수십 년이 지난 지금, 그 시절로 인해 초래된 결과에는 어떤 것들이 있을지 생각해보니 일찍이 유행한 사회주의 책은 '악서'로 분류할 수 있을 것 같다. 이러한 악서의 맹위에 무릎을 꿇고 소리 없이 사라져 간 양서가 어느 정도 있었는지는 알 길이 없다.

독서 부자유의 시대

요즘 젊은 사람들은 책을 읽지 않는다. 이러한 현상에 출판 관계자뿐만 아니라 많은 사람이 걱정하고 있다. 게다가 '문자·활자문화 진흥법'도 제정되었다. 책을 좀 더 읽자는 캠페인적인 성격을 띠고 있지만, 법 제정만으로 독서인이 증가할 것으로 생각했다면 조금 생각이 짧지 않았나 싶다.

별로 배가 고프지 않더라도 일단 몸을 위해서 좀 더 많은 것을 먹지 않으면 안 된다는 주석을 붙여 진수성찬을 산더미처럼 쌓아놓았다면 어떨까? 싫증이 나며 질려버리기 십상이다. 마찬가지로 책 읽기를 권하는 것이 도리어 역효과를 불러일으킬 수 있다. 사람에게는 청개구리 같은 면이 있다. 권장하는 것은 귀찮게 받아들이고 오히려 금지된 것에 손을 뻗는다.

정말로 독서를 권하고 싶다면 책을 적게 만드는 것도 한 방법이다. 일 년에 몇만 권이나 되는 신간 서적이 출간된다는 이야기는 듣는 것만으로도 독서 의욕이 위축된다.

전쟁이 끝난 후 얼마 되지 않아 출판 업계는 큰 불황을 맞이했다. 책을 출판하고 싶어도 종이가 없었다. 다른 것들에 비해 책의 정가가 터무니없이 높게 책정되었다. 결코, 독서를 하기에 적합한 상황은 아니었다. 사고 싶은 책을 살 수가 없었다. 애타게 찾던 책을 중고책방에서 발견하기라도 한 날에는 진흙 속에서 진주라도 발견한 듯이 기뻤다.

철학 전집이 출간되는 당일이면 출판사 앞은 새벽 첫차를 타고 온 팬들로 긴 행렬이 이어졌다. 기다리는 동안 이런저런 이야기를 듣다 보면 철학책에는 관심도 없는 사람이 지인에게 이끌려와 행렬 사이에 끼어 있기도 했다.

그렇게 기다리다 동났다는 말을 들으면 할 말을 잃었

다. 어떻게 해서든 손에 넣어야겠다고 생각할 뿐이었다.

외서가 들어오지 않게 된 것은 전쟁이 일어나기 전부터였다. 전쟁이 일어나기 전부터 끝날 때까지의 약 10년 동안 외서는 일절 볼 수가 없었다. 그랬기에 오히려 외국 문물에 관한 관심이 더 높아졌는지도 모르겠다.

원하는 책을 찾아 중고책방을 이리 기웃, 저리 기웃하는 일은 정말 재미있었다. **힘들게 손에 넣은 책은 마치 보물과도 같았다.** 가격 따위는 문제가 되지 않았다. 식비를 줄여서라도 책을 샀다. 독서가 이렇게까지 고맙게 느껴졌던 것은 책을 사기 어려웠기 때문만은 아니겠지만, 어쨌든 큰 이유 중 하나이기는 했다.

독서 부자유의 시대가 지나자 사회적 관점에서 호색好色을 그려낸 에도시대1603~1867의 대표적 소설가인 이하라 사이카쿠井原西鶴에게 청년들의 관심이 쏠리기 시작했다. 도무지 문학에는 취미나 관심이 없을 것 같은 젊은이들이 사이카쿠에게 관심을 보인 것이다. 그렇다고 호색 문학에 끌렸기 때문은 아니었다. 그 무렵의 출판사들은 조금이라도 외설적으로 보이는 곳은 모두 감추고 ○○○로 표기했다. 바로 이 점이 재미있게 느껴진 것이다. 감춰진 곳에 어떤 글자가 들어갈지 맞혀보는 것도 즐겼다.

감춰진 글자가 많으면 많을수록 인기가 있었다.

전쟁이 끝난 후, 감춰진 글자를 원래대로 복원하여 출판하자 그동안 감춰졌던 글자가 실로 쓸데없는 말임을 알게 된 후에 밀려오는 환멸에 사이카쿠도 이제는 빛을 잃었다는 사람이 적지 않았다. 적지 않았다기보다 대부분이 그렇게 생각했던 듯하다. 국문학자들도 사이카쿠에 대한 존경심이 줄어든 듯했다.

감춰져 있기에 호기심이 자극된다. 백일하에 드러나면 눈길을 돌리고 싶어진다. 위험하기에 재미있다. 안전한 것, 건전한 것은 따분하다. 사람은 이러한 선입견을 품고 있는 듯하다.

의무감이 독서를 망친다

전쟁이 일어나기 전, 일반적인 가정에서는 아이에게 신문을 금지했다. 절대로 못 보게 한 것까지는 아니더라도 읽지 못하도록 신경을 썼다.

스포츠 선수가 결혼한다는 기사가 사회면에 실렸다. 모두가 알고 있는 유명한 선수이기에 기사 내용에 대해 아이도 궁금해하지만, 부모는 아이가 그런 기사를 읽어서는 안 된다며 신문을 치웠다. '결혼'이라는 글자가 아이에게 유해하다고 생각했기 때문이다.

그러한 분위기가 형성되다 보니 신문에 실리는 소설은 읽고 싶어도 읽을 수가 없었다. 아이뿐만 아니라 집

안일을 돕는 어린 여자아이도 대문에서 우편물을 가지고 돌아오는 길이면 소설을 읽느라 발걸음이 천천히 천천히 느려졌다. 그러다 보니 어느새 점점 빠른 속도로 책을 읽을 수 있게 되었다.

엄마가 읽는 여성 잡지에는 무엇인가 이상한 것이 쓰여 있는 듯했다. 묘한 얼굴로 잡지를 들여다보고 있는 엄마를 보면 아이도 읽고 싶은 마음에 어쩔 줄 몰랐다. 하지만 절대로 허용되지 않았다. 엄마는 잡지를 다 읽으면 어딘가에 몰래 잡지를 숨겨두었다.

그러면 아이는 엄마가 외출해 자리를 비운 사이 숨겨놓은 여성 잡지를 찾아내 탐독했다. 한자에는 읽는 법이 표시되어 있었지만 절반 정도는 뜻도 모르는 말들로, 그게 그렇게 재미있을 수 없었다. 가슴이 두근두근, 서둘러 읽었다. 엄마가 돌아오기 전에 원래 있던 장소에 돌려놓지 않으면 큰일이다.

그러는 동안 속독의 요령 같은 것이 몸에 뱄다. 시간과의 전쟁이었다. 우물쭈물해서는 안 된다. 정신을 단단히 붙들어 매고 주의를 집중하지 않으면 아무것도 이해할 수 없었다. 몰두했다고까지는 말할 수 없지만, 어쨌든 그렇게까지 집중했던 적이 좀처럼 없었다. 금지된 독서는 실로 흥미롭다. 내용을 이해했기에 재미있다고 느끼는 것은 아니다. 잘 모르는 채로 읽어도 재미있다. 나쁜 짓을 하고 있다는 의식이 몰래 숨어서 읽는 책의 묘미를 더욱더 살려준다.

지금의 아이들은 뭐든지 읽을 수 있다. 일단 읽으면 안 되는 것이 없다. 어떤 책이라도 읽기만 한다면 부모들은 '다른 아이들과 어울려 노는 것보다 얼마나 나은지 몰라. 다행이야'라고 생각한다.

도서관에 가 보면 아이를 데리고 온 엄마들을 쉽게 발견할 수 있다. 자신의 책과 아이 책을 모두 빌려서겠지만, 양손으로 들 수 없을 정도로 책을 한가득 들고는 만족스러운 듯한 표정을 짓고 있다. 요즘 아이들은 참 행복하다고 말하는 사람도 있겠지만, 어린 시절에 여성 잡지를 몰래 숨어서 읽었던 입장에서는 오히려 요즘 아이들이 안타깝게 여겨진다. 저렇게 많은 책을 멋대로 쥐여 준다니 책에 질리지 않는 게 이상할 정도다. 항상 포만감으로 가득 차서야 맛있는 것이 있어도 먹고 싶다는 기분이 들지 않는다. 맛있게 먹기 위해서는 공복이 아니면 안 된다. '맛없는 음식도 배고프면 달게 먹는다'라는 속담처럼 '책 좀 읽지 마'라는 말을 들으면 뭐든 읽고 싶어진다. 책을 읽게 하고 싶다면 먼저 읽는 것을 금지해보자. 의외로 효과적인 방법일 수도 있다.

어떤 재미있는 문장이라도 교과서에 실려 있으면 그것으로 끝, 재미없다는 말을 한다. 학교에서 자세한 설명을 듣고 난 후 제대로 다시 읽어본다면 문장이 한층 더 가치 있게 느껴져 좋을 것 같지만 실제로는 그렇지 않다. 예외 없이 따분해진다.

의무감이 들어서는 안 된다. 강요해서는 안 된다. 읽는 사람이 나설 자리가 없어진다. 자신이 무시당하는 느낌은 별로 유쾌하지 않다. 학생들은 교과서를 대할 때 항상 수동적이 된다. 숨어서 몰래 읽거나 금서를 읽는 것은 처음부터 자기 책임이다. 숨어서 몰래 마시는 술이 강요당해 마시는 술보다 훨씬 맛있기 마련이다.

시험공부를 하다 보면 금방 피곤해진다. 멍하게 쉬다 보면 평소에는 거들떠보지도 않던 난해한 철학서 등에 눈이 쏠린다. 가벼운 기분으로 들여다보았는데 생각지도 못하게 재미있다. 무심코 빠져들어 자신도 모르는 사이에 계속 읽어나갈 뿐이다. 그러다 보면 어느새 시험에 관련된 책으로 돌아가기에는 너무 늦어버려 아차, 하게 된다. 이런 경우, 평소라면 재미없었을 책이 현재 직면한 시험공부를 멀어지게 한 것이다. 도중에 딴짓하게 되는 독서는 악서라 할 수 있다. 공부해야 하는 책은 양서라 할 수 있다. 그렇기에 우리는 악서에 끌린다. 악서가 양서를 구축하는 규칙은 여기에서도 작동한다.

악서가 양서를 구축한다

재미를 위한 책과 도움이 되는 책이 있다면 대체로 재미있는 책이 악서, 도움이 되는 책이 양서이다.

'악화가 양화를 구축한다'라는 그레셤의 법칙은 유명하다. 악화가 강한 것은 유통하기 때문으로, 양화는 화폐 가치가 크기 때문에 실제로 사용하기에는 아깝다는 생각이 무의식중에 온존한다. 그래서 결국 악화가 시장에 널리 유통되는 것이다.

책의 경우 재미있는 책, 알기 쉬운 책, 그다지 권장하지 않는 가치가 낮은 책이 악서라 볼 수 있다. 유용한 지식, 가치 있는 생각 등이 포함된 책은 양서이다. 좋은 약처럼 입에 쓰다. 내버려두면 어느새 모습을 감춘다.

양화는 악화에 내몰려 구제해주는 사람도 없이 인멸의 길로 들어섰지만, 양서의 경우에는 이를 구제하여 소량이라도 유통하려고 애쓴 지식인이 있었다. 그렇기 때문에 지켜낼 수 있었고, 다음 세대에까지 전할 수 있었다. 그것이 바로 고전으로 살아남은 소량의 양서이다.

지금은 학교 교육이 양서의 보존·전승의 역할을 담당하고 있다.

그러나 학교는 읽기 능력을 기르는 데에 무서울 정도로 많은 시간과 힘을 들이고 있어 양서와 악서의 관계 등을 배려할 여유가 없다.

양서의 부분적 인용을 읽게 하는 것으로 양서를 전승하는 역할을 수행하고 있다고 생각한다. 그러나 실제로는 책 읽기 싫어하는 사람을 만들어내는 데 불과할지도 모르겠다.

양서를 강제적으로 가르치는 것에 열중한 나머지 양서를 싫어하게 되고 악서를 좋아하게 만들어, 학교 스스로의 활력을 약화시키고 악서의 양적 지배를 허용하게 된 것까지는 신경을 쓰지 못한다.

악서는 어느 시대에나 양서를 구축하려고 한다. 대량의 악서를 제조하는 현대사회에서는 양서와의 구별 자체가 애매하다. 활자문화의 위기라고도 말할 수 있다.

'책을 왜 읽는가? 무엇을 읽어야 하는가? 도대체 어떤 책이 재미있는 책인가?' 등 지금까지는 별로 생각하지 않았던 문제들이 기다리고 있다.

분별 있는 독자가 필요하다. 즉, 자기 책임을 가지고 책을 읽는 사람이 필요하다.

스스로 가치 판단을 할 수 있는 사람이 필요하다.

지적 자유인이 필요하다.

3장

알 때까지
읽는다?

논어를 알되 논어를 모르다

전쟁 전의 초등학교에는 '국어' 수업이 없었다. 대신 '읽기'를 가르쳤다. 읽기란 문자를 소리 내어 읽는 것이지만, 최종적으로는 소리 내지 않고 문장을 읽었다. 이것을 읽기라 여겼다. 이와 더불어 '쓰기' 시간도 있었다. 쓰기란 문장을 쓰는 방법을 알려주는 작문 수업이 아니라 붓으로 글자를 쓰는 서도書道 나부랭이 같은 것이었다. 문장을 쓰는 '글짓기'라 불리는 것도 있기는 했지만, 수업시간을 활용하지 않은 채 대부분 숙제로 내주었다. 숙제로 짧은 문장을 써서 선생님에게 제출했다. 선생님은 제출한 숙제를 확인한 후 코멘트를 써서 돌려주었다. 바쁜 선생님은 생략하기도 했다. 둥근 원 안에 '관閱'이라는 글자가 들어 있는 도장이 있어 그 도장만 찍어 돌려주었다. 점점 글짓기에 들이는 정성이 사라졌다.

즉, 옛날 초등학교에서는 문자를 읽는 '읽기'만을 교육이라 생각했다. 한자를 사용하는 일본에서는 문자를 읽을 수 있게 되기까지 많은 교육이 필요하여 일본인의 지적활동에 있어 큰 부담이 되었다. 문자를 읽을 수 있도록 하는 것만으로도 큰일이기에, 문자에도 의미가 있다는 것을 제대로 가르치는 선생님이 적었기 때문은 아닐까?

아이들은 항상 의미 콤플렉스에 시달렸다. 읽어도 의미를 알 수 없는 것이 너무 많았다. 이를 이상하다고도 생각하지 않았다. 어른이 되어도 논어를 알되 논어를 모르는 것처럼 되고 만다. **문자, 문장을 소리 내어 읽으면 의미를 잘 알지 못해도 '읽었다'고 누구나 생각했다.**

단어나 문장의 의미를 알기 위한 것과 소리를 내어 읽는 것이 완전히 다름을 제대로 가르쳐야 한다. 표음문자인 가나假名 문자밖에 없는 나라에서는 한자를 음독音讀할 수 있으면 의미도 이해할 수 있다. 별도로 의미를 가르칠 필요가 없다.

그러나 일본어에는 음독은 할 수 있어도 의미는 알지 못하는 말이 얼마든지 있을 수 있다.

극단적인 예로, 스님들이 외우는 독경은 대부분 의미도 모른 채 소리 내어 읽지만 이를 이상하다고 생각하는 사람은 없다. 의미 등을 몰라도 경전은 정말로 감사한 것이다. 의미가 명확하지 않기에, 잘 모르기에 경전에 대한 고마움을 더 공유할 수 있고 천하태평 할 수 있는 것이다.

난해한 문장에 겁먹지 마라

요즘은 이런 경우가 잘 없지만, 예전에는 일류 종합잡지의 권두에 논문이 실려 있었다. 심오한 내용인지 아닌지는 제쳐놓고서라도 약속이나 한 것처럼 얼마나 난해한지, 공부를 조금 했다는 정도로는 감당할 수가 없었다. '깜깜한 밤에 박쥐'라는 말이 있다. 스쳐 가는 소리는 들리지만 모습은 보이지 않는다. 이 말처럼 어쩌면 논문을 쓴 본인조차도 의미를 알지 못할 것 같은 논문이었다. 정말로 이해한 사람도 그렇지 못한 사람도 침묵할 뿐 누구 하나 이야기하지 않자, 어림짐작한 독자가 대단한 논문이라고 칭송하는 소리에 그 말을 흉내 내어

'대단하다', '훌륭하다'라고 말하기만 하면 되었다.

만약에 알기 쉽고 명료한 문장이었다면 오히려 비난받았을 것이다. 집필자는 쉽게 이해하지 못할 어려운 문장을 쓰는 기술을 연마해야만 했다. 알기 쉬운 문장을 쓰는 일은 어려웠고 횡설수설한 문장을 쓰는 일은 지극히 간단했다. 이러한 상황에 대해 알려주지 않았기에 오랜 시간 동안 의미를 알 수 없는 난해한 문장을 찾아 헤매는 악습관에서 벗어날 수 없었다.

나쁜 문장, 난해한 문장인지조차 알지 못한 채 그저 책만 읽는 사회에 바람직한 독서문화가 형성될 리 없다.

초등학교의 '읽기' 능력으로는 한 권의 책을 끝까지 다 읽을 수가 없다. 설령 문자를 골라내어 읽는다고 하더라도 이는 단문의 연속일 뿐 책은 아니다.

문장마다의 의미를 찾는 센텐스 리딩sentence reading으로는 200페이지나 되는 책을 읽지 못한다. 아무리 노력해도 30~40페이지 정도가 한계다. 흐름이 끊겨 앞으로 나아갈 수 없다. 잠시 숨을 돌리고자 책을 내려놓으면 그것으로 그 책과의 인연은 끊어져 아까운 명저도 '쌓아만 두는 책'이 되어 먼지만 날린다. 예전의 중고책방에는 이렇게 전사한 책들로 북적북적했다.

소심한 사람은 읽다 만 책이 서너 권만 되어도 자신의 재능을 의심했다. 지적인 활동에 맞지 않는 것 같다며 멋대로 생각하고는 책과 멀어지기 시작했다. 조금 굼뜬 듯한 사람은 거듭된 실패에도 굴하지 않고 계속해서 책을 읽다 사물의 도리나 진리를 확실하게 알게 된다. '책이란 이렇게 재미있는 것이구나' 하고 발견하게 되는 것이다. 토끼는 거북이에게 진다.

독서를 좋아하게 된 거북이가 리드한다.

책은 마지막까지 통독하지 않으면 안 된다. 도중에 던져버린다면 의지가 약한 것이다. 모르는 것이 있더라도, 재미있지 않더라도 200페이지 정도의 책은 다 읽을 수 있어야 한다. 마음을 독하게 먹고 마지막 페이지까지 쉴 새 없이 몰아치자. 다 읽었을 때의 만족감이란 다른 곳에서는 느낄 수 없다. 다 읽고 나면 이 책은 좋은 책이라고 생각하게 된다. 나아가 이 책의 저자는 참 훌륭하다고도 생각하게 된다. 책을 출간한 출판사도 '양심적이구나'라는 생각이 드는 등 모든 것이 핑크빛으로 보인다.

이것이 바로 독서가이다. 평범한 사람에게 있어 책을 끝까지 읽는다는 것은 정말로 힘든 일이다. 마음먹었다고 할 수 있는 일이 아니다. 끝까지 읽은 책이 단 한 권도 없는 채 인생을 마감하는 사람도 얼마든지 있을 수 있다. 그렇다고 그런 사람들을 구제불능이라고는 말할 수 없다.

완벽한 이해는 없다

'책을 반복해서 읽는다.' 이런 사람은 별로 없겠지만 좋은 책이나 어려운 책은 한 번 읽어서는 이해하기 어려울 수도 있다. 한 번 읽어서는 이해하기 힘들어도 포기하지 않고 재도전해보려는 사람도 있다.

실제로 다시 읽어 성공한 경우도 있다. 근대 일본의 지적 거인 중 한 명이라 불리는 니토베 이나조新渡戸稲造는 칼라일Thomas Carlyle의 영향을 받아 그의 저서인《의상철학Sartor Resartus》을 삼십몇 회 읽었다고 전해진다. 칼라일은 학자는 아니지만 철학자로서 독자적인 사상을 가진, 드물게 뛰어난 재능을 지닌 사람이었다. 그러나 그의 문장은 난해하여 영국인들조차 어렵다고 한탄했을 정도였다. 메이지시대[1868~1912]에 영어를 공부한 학생들이 어느 정도로 칼라일의 책을 읽고 이해했는지는 잘 모르겠지만, 니토베가 《의상철학》 등을 참조하여 영어로 출간한 《무사도武士道》는 완벽한 문장력으로 해외에서도 높은 평가를 받았다. 칼라일을 닮은 영어 문장에 더해진 니토베만의 빈틈없는 문장력은 반복 독서로 인해 몸에 밴 것이리라. 그러나 이 또한 예외라고 볼 수 있다. 평범한 사람은 흉내조차 낼 수 없다.

'독서백편의자현讀書百遍義自見'이라는 말이 있다. 아무리 어려운 문장이라도 반복해서 읽다 보면 누구에게 가르침을 받지 않더라도 저절로 의미를 이해하게 된다는 뜻이다. 백편百遍이라는 것은 문자 그대로의 백 편, 99번째 다음을 나타내는 말은 아니다. 많다는 말을 과장해서 표현한 것이다. 그런 의미에서 니토베는 칼라일의 책을 충분히 독서백편했다고 말할 수 있다.

이해하지 못한 책이라도 몇 번이고, 몇 번이고 읽다 보면 정말로 이해하게 될까? 옛날 사람들은 태평했기에 그런 것까지 세세하게 파고들지 않았을 것이다. 정말로 이해하지 못한 책이라도 백 편 읽기를 반복하면 알게 되는 것일까? 직접 시험해본 사람은 없는 듯하지만, '알겠다'라기보다 알 것 같은 기분이 든다. 자기가 이해한 의미를 부여하다 보니 다 이해한 듯 착각을 한다. 다시 읽을 때마다 독자가 부여하는 의미가 증가한다. 그러다 보면 결국 자기 자신이 부여한 의미만 남게 된다. 이것을 스스로 완전히 이해했다고 굳게 믿어버린다. 대상이 되는 책을 자기화한 것이다.

자신이 부여한 의미를 완전히 녹여내지 못한 책은 백번은커녕 한 번의 통독도 힘들다. 처음부터 던져버리게 된다. 어쨌든 **몇 번이고 다시 읽는다는 것은 어딘가 재미있는 곳이 있기 때문이다.** 무엇이 재미있는지 묻는다면 '내 생각을 말하는 것만큼 재미있는 것은 없다'라고 대답한다. **모르는 부분을 스스로 이해하여 자신의 의미로 보충하는 것이다. 일종의 자기표현이다.** 구석구석까지 뻔한 내용이 저술된 책은 이러한 독자 개입이 불가능하기에 정말로 따분하기 짝이 없다.

정독인가, 속독인가?

이렇게 생각하다 보면 '독서백편의자현'은 픽션이자 신화처럼 생각된다. 의미를 저절로 알게 된다고 해도 같은 책을 반복해서 읽는 것이 현명한지 의문이 들기도 한다.

출판되는 책이 적고 양서로 취급되는 책이 많으며 독자에게 시간이 있을 때 독서는 가치 있는 활동이 된다. 같은 책을 반복, 정독한다는 것이 칭찬받을 만한 일이 되는 것이다.

책은 넘쳐나는데 시간이 없는 사람은 '샅샅이 훑어보듯 읽는다'는 것을 상상조차 할 수 없다. 끝까지 읽지 못한 책이 손닿는 곳에 겹겹이 쌓여 있어서야, 아무리 의미를 이해할 수 있게 된다고 해도 백 편은커녕 두 번만이라도 반복해서 읽고 싶어지는 책을 만날 수가 없다.

예전에는 '샅샅이 훑어보듯 읽기'를 좋은 독서법이라 생각하던 시절도 있었지만, 점점 생각이 바뀌었다. 지금은 오히려 속독이 인기가 있다. '10분 만에 책 한 권 읽는 법' 등의 내용으로 책을 홍보하는 추세도 한몫하기 때문일 것이다. 그런 책이라면 차라리 읽지 않는 편이 낫다고 생각하지 못하는 점이 참 안타깝다.

'독서백편'이 신화라면 10분간 독서는 새로운 신화이다.

신화는 생활을 바꾸지 못한다.

생활은 신화를 반영하지 못한다.

책은 남아돌 정도로 출간되는데 책 읽는 사람은 별로 증가하지 않는다면 신화가 나설 자리는 없다고 봐야 하지 않을까?

재미가 없다면 버려라

　　　　요즘처럼 많은 책이 출간될 때, 우리는
양서보다 악서가 더 많다고 생각해야 한다. **악서를 만나
는 것을 두려워하면 책을 읽을 수 없다.** 잡지, 내용이 저
급한 책, 불건전한 책이라도 재미있는 부분이 있을 것이
다. **재미가 없다면 버리면 된다.**

　독자는 정평이 나 있는 양서, 고전만을 읽어야 한다는
말은 구차하다. 그러한 가치가 있는 책을 찾아 고생하는
것은 어리석은 일이다.

　괜찮을 것 같다고 생각한 책에서 도리어 배신감을 느
끼는 일도 있지만, 그래도 분별이 있는 독자라면 무엇이

든 얻을 수 있을 것이다.

독자가 책의 하인이 되는 게 아니라 책의 나이 어린 친구라고 자기규정을 한다면 아무리 재미없는 책이라고 할지라도 어느 정도의 발견이 가능하다.

여러 면에서 독자는 저자보다 부족한 점이 많겠지만, 그렇다고 하여 저자가 권위자인 것처럼 항상 일방적으로 호령을 내리고 명령을 한다면 이는 종교적인 성향의 독서가 되며, 독자로서는 별로 배울 게 없다고 생각해도 무방하다.

많은 책을 읽다 보면 반복해서 읽고 싶어지는 책을 만나게 될지도 모른다. 그러나 그것은 예외적이라고 생각하는 편이 좋겠다. 실제로, 몇 번이나 반복하여 읽을 책을 다섯 권이나 일곱 권 정도만 만나도 성공했다고 할 수 있다.

책은 읽고 버려도 괜찮다.

책에 집착하는 것은 지적이지 못한 행동이다. 노트에 필기하는 일도 일반적으로 생각하는 정도의 가치 있는 행동은 아니다.

책을 읽고 내용을 잊어버린다면 그대로 놓아두자. 중요한 내용을 노트에 적어두는 것은 욕심이다. 마음에 새겨지지 않는 것을 아무리 기록한다고 한들 아무런 도움이 안 된다.

책은 마음의 식량이다.

아무리 영양이 많다고 해도 똑같은 것만 먹으면 영양실조가 되며, 메타볼릭(내장지방) 증후군에 걸리기 쉽다. 과식은 병의 원인이 되며 스트레스를 높인다. 스트레스가 다양한 병의 원인이라는 것을 요즘 의학도 뒤늦게나마 주목하기 시작한 듯하다.

책도 과식은 좋지 않다. 독서가 지적 메타볼릭 증후군을 일으킬 수도 있다. 같은 책을 몇 번이고 읽는다는 것은 생각만으로도 건강하지 못한 행동임을 알 수 있다.

편식도 과식처럼 좋지 않다. 공부한다며 너무 전문서만 읽으면 지적 환자가 되기 쉽다. 전문 분야의 일밖에 모르는 '전문 바보'가 바로 그 예다.

건강한 독자가 되기를 바란다면 그 옛날, 빈곤했던 시절의 생각을 수정 또는 변경해야 한다.

4장

박학다식한
바보를 만드는
독서법

독서신앙이 부른 지적 근시

"방석 대신 잡지를 깔고 도로에 앉아 있는 젊은이가 있더군요. 가슴이 답답해졌습니다. 저는 신문도 깔고 앉지 않아요. 책을 바닥에 두지도 않습니다. 책에서는 왠지 모를 신성함이 느껴져서 말이죠. 이런 제가 시대에 뒤떨어진 거겠죠?"

이런 말을 하는 사람도 점차 줄어들고 있다.

전쟁이 일어나기 전의 초등학교에서는 수업을 비롯하여 교과서를 펼칠 경우, 항상 제일 먼저 교과서를 양손으로 받쳐 들고는 가볍게 절을 했다. 도회지 사람 중, 그런 바보 같은 일이 어디 있냐며 비웃던 사람들이 있던 것으로 보아 시골 학교에서만 있었던 일인지도 모르겠다.

교과서를 감사하는 마음으로 받들던 아이들은 자신도 모르는 사이에 교과서를 신성한 것으로 여기며, 경전은 아니지만 그렇다고 단순한 책이라고도 규정지을 수 없는 감사한 존재로 생각했다. 책을 감사히 여겼기에 활자 또한 훌륭하다고 생각하여 이를 바닥에 두거나 타고 넘고 다니거나 밟으면 벌을 받는다고 생각했다. 일부러 그렇게 가르친 것은 아니었지만, 어느새 그렇게 믿게 되었다. 세 살 적 버릇 여든까지 간다고 이런 생각은 시간이 아무리 흘러도 바뀌지 않았다. 지금도 인쇄물을 엉덩이로 깔고 앉아 있는 것을 보면 이유도 없이 화가 난다.

그리고 책과 관계없는 생활을 하더라도 '책을 읽어야 해', '책을 읽지 않는 것은 창피한 일이다'라는 기분을 떨쳐버릴 수가 없다. '시간이 있으니까, 노년이 되었으니 마음껏 책을 읽으며 살고 싶다.' 이렇게 생각하는 나이 지긋한 사람들이 지금도 꽤 있을 것으로 생각한다.

독서신앙의 신봉자는 지적 엘리트라고 흔히들 생각한다. 지적 엘리트라고 생각해주다니 어쨌든 고마운 일이다. 그러나 그만큼 독서 신봉자는 매일 독서를 해야 한다고 스스로 규정짓는다. 그러지 못하면 자기 자신을 한심하다고 스스로 책망하는 사람도 있다.

생각해보면 독서라는 것은 그 정도로 고마운 일은 아니다. 어느 정도 이익이 있는지도 명확하지 않다. 그렇지만 힘들더라도 될 수 있는 한 책을 읽으려고 노력한다. 특히 일본인 중에는 독서를 하기 위해 노력한 사람이 많았던 것 같다. 전쟁 전, 미국과 유럽 등지에서 카메라를 매달고 안경을 낀 사람은 일본인이 틀림없다는 농담 비슷한 말이 있었다. 왜 안경을 썼을까? 그것은 한자 음이나 훈訓을 나타내는 루비ルビ라는 작은 활자를 읽기 때문이다. 알파벳보다도 크기가 작은 루비가 붙은 일본어 인쇄물은 아무래도 눈에 부담감이 클 수밖에 없다. 그러나 이러한 사실을 알려주는 사람도 없어 점점 근시가 늘어났다.

적어도 안과 의사라면 이러한 사정을 몰라서야 의사라고 명함도 못 내밀 터였다. 그러나 독서의 해로움에 대한 유의사항 등을 알려주는 곳이 없었다.

아무리 멍하게 있다고 해도 사물이 잘 보이지 않는 근시가 되면 자각을 한다. 근시를 고칠 수는 없으니 꼴사나운 안경을 쓴다.

비슷한 현상이 정신적인 면에서도 일어난다. 책에 감사한 나머지 지나치게 읽다 보면 마음에 근시가 생겨 본질이 잘 보이지 않게 된다.

이유도 없이 무턱대고 책만 읽으면 마음의 눈이 피곤해져 사물의 본질을 명확하게 파악하기 어렵게 된다. 독서 메타볼릭 증후군형 근시가 된다. 머리의 근시는 눈의 근시만큼 불편하지는 않기에 좀처럼 이를 치료하려고 하지 않는다.

지식을 익히는 데 있어서는 독서만 한 것이 없다. 가장 간편하며, 노력에 비해 효과도 크다. 독서는 공부하는 데 있어서도 가장 좋은 방법이다. 성실한 사람은 정직하므로 **읽으면 읽을수록 우수한 사람이 되리라 착각한다. 실제로, 박학다식하게는 될 수 있다. 하지만 그에 반해 머릿속이 공허해진다는 것을 가르쳐주는 사람은 없다.**

머리가 지식으로 가득 차면 머리는 움직이려야 움직일 수가 없다. 이러한 현상이 나타나는 동안 사물을 분별할 수 없는 머릿속 근시가 시작된다.

약간의 근시라면 머릿속 안경으로 대응할 수 있다. 물론 머릿속 안경이란 책에서 얻은 지식을 말한다. 지식이 있다면 생각하거나 하는 번거로움은 발생하지 않는다.

그렇기에 독서는 지식으로부터 신앙을 창조해내고 이것
이 독서를 지탱하게 된다.

지식과 사고

지식은 모두 빌려온 것이다. 두뇌활동에 의한 사고는 자력에 의한 것이다. 지식은 빚이지만, 지식이라는 빚은 갚을 필요가 없기에 마음이 편하며 자력으로 지식을 쌓아가고 있다고 착각할 수도 있다.

독서가는 지식과 사고가 상반되는 관계임을 알아차릴 여유도 없이 몹시 바쁘다. 지식이 사고보다 체재가 잡혀 있기에 점점 박식해져 사고를 압도한다. 지식을 뽐내며 지적활동을 하는 듯 오해한다.

제대로 사고활동을 하는 사람은 언젠가는 지식과 사고가 양자택일의 관계라는 것을 알게 된다. 즉, 박식한 사람은 사고가 활발하지 못하고 사고가 활발한 사람은 지식이 얕다는 결론에 도달한다. 지식을 취할 것인가, 사고를 취할 것인가, 중요한 문제이지만 그런 일에 구애받기에는 현실이 너무 다사다난하다. 그러다 보니 고등교육을 받은 사람이라면 대부분 예외 없이 지식 신봉자가 되기 마련이다.

책을 읽어 박식하고 현명해진 듯 보여도 사람 됨됨이가 제대로 갖춰져 있지 않은 경우가 많다. 나이가 들기 전에 지적으로 무능해진다면 그것은 바로 독창성이 결여되어 있기 때문이다. 지식은 화석과 같은 것이다. 그에 반해 사고는 살아 있다.

지식, 그리고 사고의 뿌리가 자리하고 있는 대지는 사람의 생활 그 자체이다. 그 생활을 소중하게 생각하지 않는 지적활동은 지적인 유희에 그칠 수밖에 없다. 아무리 양적으로 증가해도 살아가는 힘과의 연결고리가 약해진다.

인류 문화 2천 년의 역사를 살펴보면, 언제나 생활에서의 이탈을 진보라 여기는 원리가 문예, 문화를 이끌어왔다. 철학도 문예도 종교조차도 사람이 어떻게 살아야 하는지, 어떻게 하면 더 나은 삶을 살 수 있는지를 충분히 생각하지 않았다. 그 때문에 지식은 춤을 추듯 비약적인 발전을 이루어도 인간의 삶은 그다지 좋아지지 않았다.

인간은 살아 있기에 인간인 것이다. 그러나 지식만으로는 살아갈 수 없으며, 더욱 나은 삶은 생각조차 할 수 없다. 이를 무시하고 **닥치는 대로 지식만을 습득하려고 하면 교양주의가 나타나 문화의 활력이 어지러워진다.** 게다가 문화의 활력이 어지러워지기 훨씬 이전에 인간이 먼저 활력을 잃어버린다.

이러한 지식은 책으로 전해져왔기에 독서를 좋아하는 사람이라면 자신도 모르는 사이에 지식 제일주의의 포로가 되고, '유민遊民'이 된다. '고등유민'이라는 말도 예전부터 존재했다.

일단 지식신앙에 들어서면 생활을 되돌리는 일은 쉽지 않다. 어두워서 잘 보이지 않는 발밑을 돌아보고 반성한다는 것은 지극히 어려운 일이다.

이렇게 생각하면 책을 읽는 것이 꼭 좋은 것만은 아니라는 사실이 명확해진다.

그렇다고 책을 절대로 읽어서는 안 된다는 것은 아니다. 요즘 시대에는 안전하게 문자에서 멀어진 삶이란 생각조차 할 수 없다.

그러나 **문제는 아무리 봐도 삶이 결부되지 않은, 지식을 위한 지식을 과도하게 반기는 사회적 착각이 발생한다는 것이다.** 지식 메타볼릭 증후군에 걸려서는 건전한 삶을 살 수 없다. 지식을 버림으로써 건강을 되찾을 가능성을 탐색하는 사람이 좀 더 많아지지 않으면 건강한 사회가 될 수 없을 것이다.

지식이 쌓일수록 원천적으로는 도움이 되지 않는다는 것을 알면서도 그것을 차용하고 싶어 한다. 그리고 그것을 자기 지식이라고 생각한다.

지식을 가지고도 위세가 당당할 수 있을지 잘 모르겠지만, 지인 사이라면 '호랑이 없는 골에 토끼가 왕 노릇'을 해도 괜찮다. 그러나 다른 유파와의 시합이라면, 빌린 지식은 별다른 도움이 되지 않는다. 게다가 그 지식이 상대방에게서 빌려온 경우라면 이는 범죄가 된다.

삶에 가까운 독서

단어 자체에 대해 사람, 즉 근세 사람들은 자신들의 착각을 정당하다고 믿어왔다.

단어는 문자 그대로 적혀 있어야 가치가 있으며, 말은 문자나 문장에 필적하지 못한다고 생각해왔다.

초등학교에서 대학교까지의 교육 또한 책, 교과서로만 진행된다.

'언어는 인간이 말하는 것이다.'

어쩌다가 언어학을 접하게 된 사람이 이런 말을 듣게 된다면 가벼운 충격을 받을지도 모른다. '왜 문자나 문장이 아니라 담화를 주체라고 하는 것일까?' 어렴풋하게 불만을 품을지도 모른다. 그 정도로 문자, 문장, 책을 중요하게 생각했다.

언어학을 공부하지 않으면 아무리 뛰어난 지식인이라고 해도 책이 담화보다 더 많은 것을 전달한다고 생각하며 평생을 보낸다.

"논문을 잘 쓰는 사람과 강연을 잘하는 사람 중 어느쪽이 더 뛰어난 사람일까요?"

젊은 학자들의 이러한 질문에 철학자 니시다 기타로西田幾多郎는 다음과 같이 대답했다고 한다.

"그것은 바로 강연을 잘하는 사람이겠지요."

이러한 에피소드는 문자를 신봉하는 사람들뿐만 아니라 일반 사람들에게도 널리 알려져 놀라움을 자아냈다.

문장력이 있고 없고는 기술의 문제이지만, 언변의 뛰어남에는 그 사람의 마음과 머리의 모든 것이 그대로 반영된다. 이렇게 생각하면 쓰기보다는 말하기가 더 큰 의미를 포함하고 있다는 것이 이해가 된다.

쓴다는 것은 붓끝에서 펼쳐지는 예술로, 마음이 담기지 않은 꾸민 표현일지도 모른다. 거짓말이라는 것도 모른 채 거짓말을 적는다. 말도 물론 마음속 있는 그대로를 표현하는 것이 아니기에 거짓말, 픽션에서 완전히 자유로울 수는 없지만, 문자언어보다는 마음과 생활에 가깝다. 적어도 문자, 문장보다는 훨씬 깊게 정신과 생활을 반영하기에 자연에 가깝다고도 할 수 있다. 그렇기에 완전히 새빨간 거짓말로 쓴 문장이 그 사람의 사고와 인격에 결부되지 않고 명문으로 남아 있을 수도 있다.

인쇄기술의 발달로 대량의 인쇄물을 만들 수 있게 되자 그것을 소비하는 사람 또한 필요해졌다. 인쇄물을 읽을 수 있다는 것에 사회적 가치가 부여된 배후에는 인쇄물 소비가 필요하다는 사정이 있었지만, 이를 눈치챈 사람이 별로 없어 문자를 읽는 힘, 즉 리터러시literacy가 인간의 지성을 움직이는 기본으로 여겨졌다. 공교육은 이를 중심으로 진행되었다. 이러한 교육을 받은 사람들은 문자, 문장, 서적을 말보다 훨씬 더 가치가 있다고 생각했다.

공부를 한다는 것은 책을 읽는 힘을 기르기 위함으로, 책 읽는 힘을 기르기 위해 할애하는 시간에 대해서는 걱정하지 않는 것이 상식이라고 생각했다. 생활이 멈추더라도 오로지 필기언어 기술을 습득하기 위해 전념했다. 이러한 교육을 통해 습득한 지식은 생활에서 동떨어질 수밖에 없었다.

그러다 지식이 적량을 초과하는 경우가 발생하면 사고의 활동 작용이 방해를 받아 박학다식한 바보가 나타나기도 한다.

일본은 외국의 리터러시, 인쇄문화를 기쁜 마음으로 받아들였기에 외국과 관련된 지식이 교양의 중심이 될 수밖에 없었다. 그래서 외국어 학습에 엄청난 지적 에너지와 시간을 낭비했다. 외국 서적을 읽는 것이 교양의 기초라고 생각했다. 독서는 그 중핵이 되는 활동이었기 때문에 독서가 신성시될 정도였다. 생활을 잊고 사고의 움직임을 잊은 모방문화가 탄생했다. 교양이라는 말이 어울리는 아름다운 사람은 나타났지만, 그들에게는 생활 능력이 결여되어 있었다.

그렇다고 독서가 나쁘다는 말은 아니다. 독서, **참 바람직한 활동이지만 삶과 연결되지 않으면 안 된다. 새로운 문화를 창조할 정신을 잃어버린 교양은 필요가 없다.**

일본의 국내 사정만을 생각해보면 교양을 내세울 수도 있겠지만, 좋아하고 좋아하지 않고를 떠나 세계적 경쟁에 처하게 되면 살아가는 힘과 결부되지 않은 지식이나 독립독행獨立獨行, 발명, 발견에 방해되는 듯한 교양은 버리지 않으면 안 된다.

책 읽는 방법도 지금까지의 장식적, 종교적, 유희적인 방법에서 탈바꿈해야 한다. 더욱 나은 생활을 위해, 새로운 것을 창출하는 힘을 기르기 위해 책을 읽어야 한다. 유용한 지식은 배울 수 있지만, 분별이 없어지는 것은 스스로 경계해야 한다. 저자, 작가에 대한 정당한 경의는 당연하지만, 포로가 되는 일은 피해야 한다. 흉내 내어 비슷하게 따라 하는 것은 아름답지 못한 일이다. 무턱대고 애독서를 만들어 정당화하는 것도 정신이 약하다고 할 수 있다.

아이들에게 이러한 것까지 강요해서는 안 되겠지만, 제 몫을 할 수 있는 나이가 되면 이유도 없이 책을 추종한다는 것이 얼마나 부끄러운 행동인지 알게 될 것이다.

5장

의미를 해체하는
읽기 속도

속독과 지독

'10분 만에 책 한 권 읽는 법'을 가르쳐 준다는 등의 광고를 종종 보게 된다. 곧이듣는 사람도 있는 듯하지만, 빨리 읽든 천천히 읽든 책 읽기가 힘든 사람들은 거들떠보지도 않는다. 그렇게 빨리 읽는 법이 어디 있냐고 반발한다. 책 읽는 속도가 느린 사람들은 그렇게 빨리 읽을 수 있다면 읽을 가치가 없는 책일 수도 있다고 생각한다.

사람은 다양하기에 책을 빨리 읽는 사람도 있으면 천천히 읽는 사람도 있다. 일반적으로는 꼼꼼하게 천천히 읽는 편이 좋다고 생각한다. 속도를 빨리하면 엉성하게 읽기 쉽다. 세밀한 부분은 내용을 이해할 수가 없다. 10분 만에 책 한 권을 다 읽는다는 것은 전광석화와 같은 재빠른 솜씨지만, 그렇게 해서는 의미 따위를 이해할 수 있을 리가 없다. 달팽이처럼 천천히 읽는 것이 최고의 독서법이라고 생각하는 사람이 적지 않다.

학교 교육은 책 읽는 법 등을 가르쳐주지 않기에 학교를 졸업했다고 해도 책에 대해서 잘난 체할 자격이 없다. 책다운 책을 읽지 않고도 학교를 졸업할 수 있기 때문이다.

소리 내어 책 읽는 법이 유행하고 있는 듯하지만, 생각해보면 음독을 권하는 것은 적당한 속도로 읽으라는 뜻이다. 묵독이라면 스피드가 빨라진다. 눈은 글을 빛의 속도로 읽는다. 빛의 스피드는 정말 빠르다.

이에 반해 음성 속도는 일정한 제한이 있다. 아무리 말이 빠른 사람이라도 1분 동안에 1,000자를 소리 낼 수는 없다.

읽은 내용을 이해하는 데 있어 음독과 묵독은 많은 차이가 있다는 점을 깨닫기까지는 상당한 독서 경험이 필요하다. 단어도 빨리 읽는 경우와 천천히 읽는 경우에 따라 다르게 느껴진다.

단어는 천천히 읽으면 정보성이 높아지지만 빨리 읽으면 지적인 느낌이 강해진다. 말에 무게감을 주고 싶다면 천천히 말하면 된다. 말의 속도는 사람의 인상에도 중요하게 작용하여 말을 빨리하면 왠지 모르게 지적인 인상을 풍기게 된다.

감성적이고 정서적이기보다는 무미건조하고 지적인 것을 선호하는 게 세계적인 현상이기 때문일 것이다. 20세기 후반, 미국에서는 말을 빨리하는 현상이 유행해 TV, 라디오의 아나운서조차도 말을 빨리하게 되었다. 테이프를 잘못 걸어 광고를 빨리 돌린 것이 시초인데, 이것이 생각지도 못하게 인기를 얻으며 높은 광고 효과를 얻었다는 에피소드가 있다.

말의 템포가 빨라지면 읽는 템포도 빨라지는 게 당연하지만, 묵독이 주체가 되면 읽는 템포가 명확하게 드러나지 않는다.

빨리 읽어야지, 하고 생각해도 이해할 수 없는 문장이 많다. 묵독으로 읽을 것이라 예상하여 관념적으로 복잡하게 얽히고설킨 내용을 압축해 표현하는 문장법이 여전히 활개를 치다 보니 속독으로는 의미를 전혀 알 수가 없다. 천천히 읽어도 이해할 수 없는 문장을 빨리 읽으면 어떻게 될지 생각도 못 한 채 스스로 책 읽기와 어울리지 않는다고 단정 짓는다. 젊은이들이 책 읽기를 포기하는 것도 무리는 아니다.

한자를 사용하는 일본에서는 아무래도 소리가 애매하게 들릴 수 있어, 의미를 명확하게 전달하려고 하다 보니 관념적인 문장이 많다. 그만큼 생활에서 유리遊離되어 있는 것이다. 그렇다고 문자가 음성보다 생활에서 더 떨어져 있으니 음성보다 가치가 있다고 생각하는 것은 낡은 사고방식이다.

아무리 공부해도, 아무리 많은 책을 읽어도 그만큼 지능이 높아지지는 않는다. 말하는 능력이 향상되지 않는 데에는 읽기 교육 편중이 일정 부분 영향을 미쳤을 것이다.

전쟁이 끝난 후, 미국의 교육시찰단이 일본을 방문해 학교 교육 개선을 제언했다. 그중에서도 특히 미국이 깜짝 놀라 강하게 개선을 요구한 부분이 바로 읽기 편중 교육이었다.

미국의 시찰단은 '읽기, 쓰기, 말하기, 듣기'의 네 기능을 병행하여 신장시킬 수 있도록 제시했다. 일본인들은 이때 읽기, 쓰기, 말하기, 듣기 네 기능에 대해 처음 알게 되었다. 그만큼 미국의 지적과 제시는 바람직했다.

마침내 학습지도 요령이 제정되었고, 교과서는 그 학습지도 요령에 준거하여 만들어졌다. 그러나 말하기와 듣기 교육 등을 생각해본 적이 없었던 일본의 국어 교육은 어찌할 바를 몰랐다. 결국, 미국의 지도를 무시했다.

초등학교 저학년 교과서로는 기호만 잔뜩 들어간 읽기 교재 같은 것이 만들어졌다. 교과서가 만들어졌어도 말하기를 가르칠 선생님이 없었다. 교과서 내용을 건너뛰었다. 전혀 도움이 되지 않는 교재이므로 사용하지 말자는 분위기가 형성되어 말하기 교재는 대부분 모습을 감추게 되었다.

정성스럽게 읽은 책이
화가 되어 돌아오다

외국어를 읽는 것은 모국어를 읽는 것과는 전혀 다르다. 일반적으로 외국어를 읽는다는 것은 어지간히 숙달된 사람이 아니고서는 어려운 일이다. 그러나 힘들다고는 해도 모국어만으로는 이해하기 힘든 부분이 외국어로 읽었을 때는 이해가 되는 은혜 같은 것이 있다.

읽는다고 해도 읽는 속도가 늦다면 읽는 것이 아니라 해석한다고 말하는 편이 맞을 것이다. 더 심각한 경우, 옆에 사전을 끼고는 한 줄에 두세 번씩 사전을 찾아본다. 옛날부터 '사전은 항상 곁에 두어야 하는 것'이라고 흔히

들 말했다.

외국어 교사는 수업 전날 밤이면 미리 해야 하는 수업 준비가 성가셨다. 아무리 조사해봐도 일본어로 이거다 싶은 적절한 표현을 찾을 수 없을 때도 있었다. 교실에서 이 부분을 어떻게 대처하면 좋을지 등을 고민하며 잠이 들고는 했다.

다음 날 아침, 혹시나 하여 고민한 부분을 다시 한 번 휙 읽어보자 전날 밤에는 그렇게 쩔쩔맸던 문제가 거짓말처럼 풀렸다. 어이가 없을 정도였다. 그러나 왜 그런지 깊게 생각하는 사람이 별로 없었다.

아침에 되어 다시 읽어보아도 이해가 되지 않는 부분도 있다. '어쩔 수 없지, 포기할 수밖에 없네'라며 체념을 한다. 학교에 가면 영국인 동료 교사가 있다. 좀 물어볼까 하고 문제의 문장을 보여준다. 영국인 교사가 소리를 내어 읽는다. 그 소리를 듣는 순간 의미가 완전히 이해된다. 설명을 더 듣지 않아도 좋을 정도로 말이다.

이러한 경험이 몇 번 반복되면서 깨달은 것이 있다. '천천히 읽어서는 안 되겠구나'라는 것이다. 명확하게 소리를 내면 눈으로 문자만 보는 것보다 더 잘 이해가 된다는 것을 알게 되었다.

사전을 찾는 것은 그렇다 치더라도, 어려운 부분을 몇 번이고 다시 읽어봐도 속도가 너무 느렸기에 내용을 이해하지 못했다. 빨리 읽자 그것만으로도 이해되는 부분이 있는 것이 흥미로웠다.

문자가 무리 지은 것처럼 나열된다. 뒷부분의 덩어리는 앞부분 덩어리가 가진 의미의 잔상과 연결되어 의미가 굳어진다. 그렇게 굳어진 덩어리 한 부분에 집착하여 사전 등을 찾아보면 말의 흐름, 잔상이 사라지고 말은 그 의미를 잃어버린다. 문장을 읽어주는 외국인의 목소리를 들으면 설명을 듣지 않아도 어느새 의미가 이해되는 현상은 소리 내어 읽음으로써 흐름이 생겨 말의 자연스러움이 회복되기 때문이다.

말의 흐름은 영화 필름과 같다. 하나하나는 정지되어 움직이지 않는다. 여기에 스피드가 결부되어(영사하면) 따로따로 흩어져 있던 필름의 한 장면 한 장면이 연결되면 움직임이 발생한다. 읽는 것도 이와 유사하다고 생각하면 된다. 앞 장면과 다음 장면은 조금 떨어져 독립되어 있다. 여기에 읽기라는 움직임이 더해지면 단어 사이에 있는 여백이 사라지고 장면과 장면이 연결되어 움직이는, 즉 의미가 발생한다.

사전을 찾아보거나 하여 흐름을 방해해 함부로 시간을 낭비하면, 말을 연결하여 의미를 성립하려는 잔상이 사라져 이해한 내용조차 모르게 된다.

얄보고 덤빈 책이 재미있지 않다면 그것은 속도가 부족하기 때문이다. 모르는 문장이라면 아무래도 읽는 속도가 떨어질 수밖에 없겠지만, 정성을 들여 읽으려고 한 책이 오히려 화가 되어 돌아와 한층 더 이해하기 어려워진다.

앞부분에서는 독서백편을 비판했지만, 읽는 속도라는 관점에서 보면 독서백편 또한 살펴볼 만한 것이 적지 않다. 반복해 읽다 보면 점점 빨리 읽을 수 있게 된다. 처음에는 천천히 읽을 수밖에 없어 이해하기 힘들었던 부분을 반복하여 읽는 동안 물 흐르듯 빨리 읽을 수 있게 되기 때문이다.

언어의 생명

근대사회는 독서를 존중해왔다.

책은 꼼꼼하게 정성을 다해 읽어야 한다는 생각이 어느새 우리 주변을 에워싸게 되었다.

필요 이상으로 진중하게, 천천히, 정성을 다해 읽어야 한다는 생각에 사로잡혔다. 즉, 읽는 속도가 너무 느려지게 된 것이다. 책을 천천히 읽으면 내용을 꼼꼼하게 이해할 수 있는 것이 아니라, 겉으로 드러나지 않는 말의 저류에 숨어 있는 의미의 흐름을 멈추게 하여 의미를 죽이고 이해하기 어렵게, 재미있지 않게 만든다는 것을 많은 사람이 알지 못했다.

그렇기에 속도를 높이지 않으면 진정한 읽기라고 말할 수 없다. 10분이라는 시간 동안 한 권의 책을 다 읽는다는 전광석화와 같은 읽기는 논외라고 치더라도 일반적으로 생각하는 독서의 속도는 말의 생명을 빼앗아갈 수도 있다.

마구잡이로 빠르게 읽어서는 안 되겠지만, 숙독熟讀으로 음미하는 것은 괜찮다. 그러나 느릿느릿해서는 살아 있는 의미를 이해하기 어렵다.

책은 바람과 같은 빠른 속도로 산뜻하게 읽어야지만 비로소 재미있는 의미를 털어놓는다.

책은 바람과 같이 읽어야 좋다.

6장

익숙한 독서는
위험하다

비상식적 독서

난독이라는 문자를 보거나 단어를 들으면 반사적으로 얼굴을 갸우뚱거리는 사람이 많다. 정독, 숙독, 다독 등 모두 나름대로 장점이 있지만, 난독은 좋은 점이라고는 하나도 없다. 공부를 많이 한 사람들도 난독은 장점이 없다고 생각한다. 난독을 권하다니, 말도 안 된다고 바보 취급을 한다.

그러나 이 책에서는 난독의 가치를 높이 평가한다. 비상식적일지도 모르겠지만, 지금까지 독서가 간과하고 있던 부분에 빛을 비춰줄 수 있지 않을까 생각한다.

우선 가장 중요한 것은 지금까지 잘못 알고 있던 생

각으로부터 자유로워지는 것이다. 우리는 누구나 자신은 내용을 잘 파악한다며 독서 능력이 있다고 생각하지만, 대부분은 착각이다. 정말로 책을 읽을 수 있는 사람은 극소수에 불과하다. 많은 사람이 책을 모르는 채 책을 읽는다.

생각해보면 우리는 읽는 법을 제대로, 어딘가에서 대충이라도 정식으로 배운 적이 없다. 물론, 학교 교육에 읽기 수업이 있기는 했다. 그러나 예전에는 지금 국어라 불리는 교과를 '읽기'라고 하며 오로지 문자만을 가르쳤다. 그러다 보니 학교 교육을 통해 책을 읽을 수 있게 되는 것이 오히려 신기하게 여겨질 정도다.

가르치는 교사부터가 책을 읽는다는 것에 대해 정확하게 알지 못했다. 문자를 소리 내어 읽는 것만으로 책을 다 읽었다고 생각하는 교사도 적지 않았다. '말에는 의미가 있단다. 그렇다면 소리 내어 읽을 수 있는 말에는 어떤 의미가 있을까?'라며 끝까지 파고들어 가르치는 일이 없었다고 해도 과언이 아니다.

스포츠 신문에서 전날 밤 TV에서 본 야구 시합 결과를 알려주는 기사를 읽고는 내용에 대해 다 이해했다고 말하는 사람이 신문 사설에 대해서는 말 한마디 못 한다. 재미있지 않기 때문이다. 무엇을 이야기하려는지 검토조차 어려운 경우가 많다. **읽는다는 것은 복잡한 지적 작업이므로 저절로 읽을 수 있게 된다는 것부터 일단 있을 수 없는 일이다.**

알파 읽기와 베타 읽기

읽기에는 두 종류가 있다.

하나는 전날 TV에서 본 야구 시합 기사를 읽는 것처럼 읽는 사람이 내용에 대해 사전 지식을 가지고 있을 때 적합한 읽기 방법이다. 이를 알파 읽기라고 부르도록 하자. 즉, 사전에 읽을 내용에 대해 알고 있는 경우, 알파 읽기가 된다.

또 다른 하나는 내용과 의미를 모르는 문장을 읽는 경우에 사용하는 방법으로 이를 베타 읽기라고 하자. 모든 읽기는 이 두 가지 중 어느 하나에는 해당한다.

물론, 베타 읽기보다 알파 읽기 방법이 쉬우므로 학교

의 읽기 교육은 알파 읽기에서부터 시작한다. 예전에는 나, 너, 어머니, 아버지, 상투 머리, 댕기 머리 등의 단어들로 초등학교 1학년 국어(읽기) 수업을 시작했다. 문자를 소리 내어 읽으면 의미는 저절로 알게 되었다. 알파 읽기가 제대로 작동한 것이다.

세월이 흘러 상투라든지 댕기라는 것을 본 적이 없는 아이들이 많아지면서 예전 교재들이 알파 읽기 교재로서는 부적절하게 되었다.

그래서 국정 교과서가 개정되었다. 새로운 교과서의 첫 문장은 '**배**가 불룩한 개구리 가족이 나뭇잎 **배**를 타고 있었어요'였다. 이 문장이라면 모든 아이가 알파 읽기를 할 수 있다.

알파 읽기는 기본적인 읽기 방법이기는 하지만, 이것만으로는 책을 읽을 수 있다고 말할 수 없었다. 읽는 내용 중에 모르는 것이 있으면 그 순간 포기하게 된다. 그렇기에 어떻게 해서든 베타 읽기를 할 수 있어야 했다. 그러나 베타 읽기를 가르치는 일은 정말 어렵기에 지금까지 그 어떤 나라에서도 성공한 적이 없을 것이다.

일본의 교육은 일찍이 베타 읽기를 포기했다. 그 대신에 알파 읽기로도 베타 읽기로도 이해할 수 있는 이야기나 문학작품 등을 읽게 했다. 픽션은 미지의 세계를 그리고는 있지만 일상적인 방법으로 쓴 글이기에 알파 읽기로도 어느 정도 내용을 이해할 수 있었다. 즉, **이야기나 문학작품은 알파 읽기에서 베타 읽기로 이동하는 통로와 같은 역할을 담당해 편리했다.**

그렇게 학교의 읽기 교육은 현저하게 문학적이 되어 일본인의 지성을 왜곡시켰다. 국어 교육은 문학작품이 알파로부터 베타로 이동하는 데 도움이 된다는 것도 모른 채 픽션만 가르쳤다. **문학적 읽기법으로는 신문 사설조차 읽을 수 없었다.** 고도의 읽기, 베타 읽기를 학교에서 배울 수 없었을뿐더러 학교 자체가 그 사실에 대해 진중하게 생각하지 않았다.

옛날 사람들은 이러한 점에서 현명했다.

알파 읽기부터 시작하면 아무리 노력해도 베타 읽기가 되지 않는다는 사실을 알고 있었는지 어땠는지는 잘 모르겠지만, 알파 읽기부터 시작하는 것을 피하고 처음부터 베타 읽기로 시작했다.

교언영색선의인巧言令色鮮矣仁

5~6세의 어린아이들에게 위와 같은 한문을 가르쳤다. 이것이 바로 베타 읽기이다. 수영을 못하는 아이를 갑작

스럽게 바다에 던진 것과 같은 행동으로, 요즘 사람들은 난폭하기 짝이 없다고 생각할지도 모르겠지만 예전과 비교해보면 베타 읽기가 가능한 사람의 비율이 현재를 훨씬 웃돌 것이다. 유럽에서는 라틴어로 베타 읽기를 가르쳤다. 동서를 막론하고 방침이나 생각하는 방식이 같다는 점이 재미있다.

장르에 구애받지 않는다

난독을 할 수 있는 사람은 베타 읽기가 가능한 사람이다. 알파 읽기만으로는 난독은 할 수 있어도 해석은 할 수 없다.

소설만 읽어서는 난독을 할 수가 없다. 베타 읽기도 제대로 되지 않는다. 문학 장르를 지나치게 달가워하는 사람은 다소 뒤처진 독자라 할 수 있다. 논픽션이 재미 있으려면 베타 읽기의 지능이 필요하다. 철학적인 책에 재미를 느끼려면 꽤 숙련된 베타 읽기의 힘이 요구된다.

베타 읽기 능력을 기르면 과학서도, 철학서도, 종교적인 서적도 소설과는 다르겠지만 호기심을 자극하는 점에서는 재미있게 읽을 수 있을 것이다.

베타 읽기 능력이 없는 사람은 자신이 친숙한 장르의 책만 물고 늘어진다. 소설을 좋아하는 사람은 자나 깨나 소설을 읽는다. 새로운 소설이라 할지라도 여전히 알파 읽기를 하므로 독서 성장에는 한계가 있다. 문학청년도 중년 정도가 되면 알파 읽기에 지쳐 책에서 멀어지게 된다.

난독은 장르에 구애받지 않는다. 뭐든지 재미있을 것 같은 것에 달려든다. 지난주에는 몽테뉴Montaigne의 철학서를 읽었으니까 이번 주에는 조금 샛길로 빠져 과학자이자 수필가인 데라다 도라히코寺田寅彦의 과학 수필을 읽는다. 다음 주에는 고전 수필인 《마쿠라노소시枕草子》를 꺼내 봐야지 생각하며 설렌다. 이것이 바로 난독이다. 어중간한 정도로는 난독가가 될 수 없다.

어쨌든 한정된 분야에만 빠지지 않는다. 광활한 지식의 세계를 호기심에 이끌려 이리저리 떠돈다. 다른 사람에게 피해를 주는 일도 아니니 걱정할 필요 따위 없다. 10년, 20년 동안 난독을 하면 약간의 교양을 가지게 되는 일쯤은 누구나 가능하다.

문과적인 성향의 사람이 이과 계통의 책은 단순하다

고 생각하며 기피하는 현상은 어불성설이라 할 수 있다. 올바르지 못한 전문주의로 눈에 보여야 할 것이 보이지 않는 경우가 많다. 나와 관계성이 멀게 느껴지는 것에는 되도록 마음을 기울이려 하지 않는다.

대학이 전문성이라는 비좁은 항아리에 틀어박혀 '주변에서 무엇을 하는지 나는 관심 없다'는 태도를 정통적이라고 여긴다면 그것은 기술과 상식에 얽매인 학문적 착오라 할 수 있다.

미국 등지에서는 좁은 전문주의의 병폐를 깨달은 사람들이 간학문적 연구interdisciplinary의 필요를 제기하며 새 바람을 불러일으켰다. 그렇지만, 물리학과 화학의 벽에 부딪혀 물리화학, 언어학과 사회학이 병합하면서 언어사회학, 사회언어학이라는 분야를 개척했다는 수확 외에는 간학문적 연구가 두 가지 전문 영역을 연결한다는 말은 너무나도 옹색했다. 여러 전문 분야의 틀을 깨고 다원적 학술을 구상하는 힘은 아직 미흡한 듯하다.

이는 문화사회이기 때문이다. 그러나 **개인적인 측면에서는 모든 학문을 종합한 인간학이라 부를 만한 세계를 창조하는 것이 그리 어려운 일은 아니다.**

바로, 난독을 하면 된다.

다양한 장르의 책에 흥미를 가져보자. 한 가지의 전문 분야에 몰두하다 보면 '전문 바보'가 될 우려가 있지만, 난독이라면 상황이 달라진다. 오히려 전문주의, 쇄말주의trivialism가 간과한 커다란 보물을 발견할 수도 있다.

난독 입문 텍스트

난독의 첫 시작은 신문, 잡지가 좋겠다. 잡지도 전문지가 아닌 종합잡지가 좋겠다. 종합잡지라고는 해도 사실은 문과적 색채가 강해 교양을 위한 목적으로 발행하고 있는 것은 아닐까 하는 생각이 들 정도다. 신문의 경우, 잡지보다 더 어수선한 만큼 난독 입문에 적합하다.

최근에는 신문이 뉴스의 속보성이라는 면에 있어 인터넷에 상석을 내어주기는 했지만, 그 대신 문화성은 높아졌다. 독자라면 이러한 변화를 간과해서는 안 된다. 스포츠란만 보거나 경제 관계 분야에만 흥미가 있다거나 정치적 가십만 좇는다면 진정한 독자가 아니다.

지적인 독자는 모든 페이지를 읽으며, 재미있는 부분이 있으면 시선을 멈춘다. 요즘에는 페이지 수가 늘어나 모든 내용을 읽기가 대단히 힘들기에 차라리 읽지 않는다는 사람도 있지만, 광고가 절반이므로 별로 걱정할 필요가 없다. 재미없는 기사도 많으니 전부를 읽을 필요는 없다. 일하는 사람은 특히 바쁜 아침 시간, 여유 있게 신문을 읽기 힘들다. 흘려 읽기 마련이다.

짧은 시간에 신문을 읽으려면 표제어 독자가 될 수밖에 없다. 표제어만이라면 한 페이지를 읽는 데 채 1분도 걸리지 않는다. '이 기사는 무슨 내용일까?'라는 생각이 들면 앞부분을 읽는다. 그리고 재미있으면 끝까지 읽는다. 이런 재미있는 기사를 두 개, 세 개나 만난다면 즐거운 비명을 지르게 된다.

표제어로 기사 내용을 추측하는 것은 굉장한 지적 작업으로 두뇌활동을 좋게 하는 효과도 크다.

이렇듯 신문은 난독 입문 텍스트로서 안성맞춤이다.

실패를 두려워하지 않는다

서점에 간다.

많은 책이 죽 늘어서 있다. 분야별로 분리되어 있지만 어수선하게 나열되어 있다. 책등 부분에 적힌 글자를 눈으로 읽는다. 예전에 본 책도 많다. '이 책 재미있을까?'라고 생각되는 책은 열 권에 한 권 있을까 말까다. 재미있을 것 같아 꺼내 본다. 맺음말이 적혀 있으면 맺음말을 읽는다. 저자의 약력이 있으면 약력을 읽는다. 최근에는 저자의 사진이 실려 있는 책도 많아졌지만, 독자의 통찰력을 흐리게 하는 면이 있어 일부러 보지 않는다. 사진에 끌려 산 책에 정신이 팔린다면 좋은 난독이라 할 수 없다.

아무리 현명한 사람이라도 난독을 하면 실패는 피할 수 없다. 그러나 읽지 않고 내팽개쳐진 책은 완독한 책과는 다른 것을 알려주는 경우가 많다. 실패를 두려워하지 않는다—이것이 난독에 필요한 각오이다.

지금까지 난독을 꺼렸던 이유 중 하나가 바로 난독은 실패할 확률이 높기 때문일 것이다. 명저를 끝까지 읽는 것에 비하면 실패는 훨씬 많아질 것이다. '실패하면 안 된다', '실패하지 마'라는 상식적인 관점에서 보면 난독은 현명하지 않은 독서법이다.

사람은 실패에서 많은 것을 배운다. 때로는 성공보다도 더 큰 것을 얻는 경우도 있다. 이렇게 생각해보면 난독을 통해 참고서보다도 실로 더 많은 것들을 수확할 수 있음을 알 수 있다.

7장

난독이 선물하는
뜻밖의 발견

세렌디피티

미국인들은 정말로 '세렌디피티'라는 말을 좋아하는 것 같다. 거리 이름에서도 커피숍 이름에서도 세렌디피티라는 말을 자주 볼 수 있다.

일본에서는 아직까지 조금 낯선 편으로, 일본인 노벨상 수상자가 TV 등의 대담에서 세렌디피티라는 말을 한 것을 계기로 조금씩 알려지게 되었다. 물론 예전부터 과학 분야에서는 널리 알려진 말이었지만, 과학적 교양이 부족한 일반 사람들은 들어본 적이 별로 없었다. 들어보았다고 해도 의미도 모른 채 흘려버렸을 것이다. 과학 용어는 아니지만, 과학 용어라고 생각하는 사람이 적지 않았다.

　사전을 살펴보면 다음과 같이 설명하고 있다.

세렌디피티^{serendipity}: 생각지도 못한 뜻밖의 발견을 하는 능력

　특히 과학 분야에서 실패가 생각지도 못한 중대한 발견으로 연결될 때 사용된다. 다이지린^{大辞林} 사전에서는 세렌디피티를 '옛날 우화 《세렌디브의 세 왕자^{The Three Princes of Serendip}》의 주인공이 세렌디피티 능력을 가지고 있다는 것에서 비롯됨. 영국의 작가 H. 월폴^{Horace Walpole}이 만든 조어'라고 설명하고 있다.

　영국 작가가 만든 조어라는 부분을 덧붙여 설명하자면 다음과 같다. 1754년에 문인이자 작가였던 호레이스 월폴은 친구 맨에게 보낸 편지에 우연하게 생각지도 못한 발견을 세렌디피티라고 이름 붙이고는 '세렌디브의 세 왕자에게 연유된 이야기로……'라고 편지를 써 내려갔다.

　영국에서는 그즈음 《세렌디브의 세 왕자》라는 동화가 유행했다. 세 왕자는 재미있는 재능(?)을 가지고 있었다. 번번이 무언가를 잃어버렸다. 잃어버린 물건을 찾아다

니지만 찾는 물건은 어디에서도 보이지 않고 오히려 생각지도 못한 것들이 튀어나왔다. 게다가 이러한 일이 한두 번이 아니라 몇 번이나 반복적으로 일어났다는 이야기다.

찾는 물건은 찾지 못하고 오히려 예상하지 못한 것을 발견하는 불가사의함에 주목한 점이 돋보이는 이야기였다.

세렌디브는 세렌딥Serendip에서 유래했는데, 이는 스리랑카의 옛 이름이다.《세렌디브의 세 왕자》가 영국 소설이라는 점에서 먼 동양의 나라인 세렌디브는 불가사의한 일들이 일어나는 작품 속 무대로서 안성맞춤이었다.

과학자들 사이에 널리 통용되는 말이 작가에 의해 탄생했다는 점이 흥미롭다.

전쟁이 일어나기 전, 많은 일본인을 괴롭혔던 결핵은 오랜 시간 동안 불치의 병으로 분류되었으나 페니실린 덕분에 완치될 수 있었다. 이 페니실린이 세렌디피티의 산물이라는 것은 잘 알려져 있다.

1928년에 영국의 생물학자 A. 플레밍Alexander Fleming이 포도상구균 배양 중 실수로 푸른곰팡이를 배양기에 투입했다. 그런데 실수로 넣은 푸른곰팡이 주변에서 포도

상구균이 사라진 것을 발견하고는 이 푸른곰팡이 페니킬리움 노타툼^{penicillium notatum}에 들어 있는 항균작용물질을 페니실린이라고 이름 붙였다(단, 뛰어난 화학자의 협력이 없었기에 페니킬리움 노타툼의 발견은 20년이나 방치된 채 1940년이 되어서야 약품으로 개발되어 항생물질시대의 막을 열게 되었다).

이후에도 실험 중의 실패가 우연하게도 중대한 발견의 열쇠가 된 사례들이 나타나며 과학자들 사이에서는 더 이상 세렌디피티라는 단어가 낯설지 않게 되었다.

일반 사람들도 이해하기 쉬운 세렌디피티의 예로는 돌고래의 언어가 있다.

냉전시대의 일이었다. 미 해군에서는 적의 잠수함 접근을 대비하여 고성능 음파탐지기 개발에 매우 분주했다.

그러던 어느 날, 음파가 잡혔다. 갑작스럽게 일어난 일이라 어느 나라의 잠수함인지, 연구진이 술렁거렸다. 그러나 아무리 조사해보아도 이거다 싶은 소리의 근원지를 찾을 수 없었다. 그래서 좀 더 본격적으로 조사를 해보니 음파의 발신원이 다름 아닌 돌고래였던 것으로 판명되었다. 돌고래와 돌고래가 음파로 교신한다는 사실을 처음으로 발견한 것이다.

그때까지는 돌고래에게 음파에 해당하는 소리가 있으며, 그 소리로 서로 교신한다는 사실에 대해 거의 알려진 바가 없었기에 이는 엄청난 발견이었다.

미 해군은 적의 잠수함에 대비하기 위한 연구에서 돌고래 교신을 발견했다. 돌고래 소리를 인지한 것은 어떻게 보면 실수지만, **그 실수가 지금까지는 알려지지 않았던 사실을 입증했다.** 바로 세렌디피티인 것이다.

독서의 화학반응

문과 계통의 학문·연구는 주로 역사적 방법을 따르고 있다. 우수한 과거 산물을 다음 세대에 전하는 것이 주요 역할이다. 그러다 보니 새로운 발견이 드물다. 오히려 무엇을 발견하기 위한 목적으로 문학작품을 읽는다는 게 이상하게 생각될 정도다. 과거의 우수성을 올바르게 이해하여 다음 세대에 전달한다. 지극히 수동적이라고 할 수 있다. 자기 생각을 표현할 기회가 극히 한정되어 있는 것이다. 즉, 세렌디피티가 일어날 기회가 없다는 말이다. 이는 학문과 예술문화의 커다란 핸디캡이라고 할 수 있다. 문과 계열 분야에서도 당연히 진화와 진보는 있어야 마땅하다.

과거뿐만 아니라 앞으로도 문과 계통의 학술에는 진보와 진화가 필요하다. 어떻게 하면 인문 계열에서도 세렌디피티가 일어날 수 있을까? 난독이라면 가능하다고 생각한다.

책을 읽을 때는 두 가지 방법이 있다.

한 가지는 책 내용을 가능한 한 올바르게 이해하는 읽기 방법으로, 일반적으로 널리 알려진 독서법이다. 그러나 다른 사람의 생각을 바르게 이해하고 있는지 어떤지 생각하다 보면 독서 자체가 성가셔진다.

100% 다 이해했다고 생각한 책도 사실 실제로 이해한 것은 70~80%에 불과하다. 나머지 명확하지 않은 부분은 '해석'하여 자기 생각을 보충하는 것이다. 따라서 **책을 올바르게 읽은 경우에도 반드시 어딘가 자기 생각으로 보충한 부분이 분명히 있을 것이며, 해석의 여지가 전혀 없는 책은 단 한 페이지도 읽을 수가 없다.**

이야기를 조금 바꿔보면, 일반적인 독서에서는 책에 있는 지식, 사상 등이 거의 그대로 독자의 머리로 옮겨진다. 이것을 흔히 물리적이라고 한다.

자신이 자신 있는 분야는 물리적 독서가 가능하다. 일

단 전혀 생소한 미지의 말이 나오지 않는다.

이에 비하여 난독하는 책에서는 잘 모르는 내용이 많다. 우선 책 내용 그대로가 물리적으로 독자 머릿속에 들어오는 일이 없다. 모르는 내용이기에 읽는 도중 던져 버리는 경우도 있겠지만, 다 읽고 내다 버린 책은 신기하게도 언제까지나 마음속에 남아 있다. 물론, 마음으로 느끼고 읽은 책인데도 불구하고 읽었는지조차 잊어버리는 일도 적지 않다. 읽은 책을 다시금 펼쳐 보면 예전에 읽으면서 끄적인 말들이 꼭 꿈속에서 적은 듯 느껴지기도 한다.

이렇게 **난독을 하는 책은 읽기라는 행동에 화학적 영향을 미친다.** 전체로서는 재미있지 않아도 부분적으로는 화학반응을 일으켜 뜨거워진다. **발견의 기회이다.**

전문서는 아무리 읽어봐도, 지식은 쌓이는 것 같지만 마음을 뒤흔드는 듯한 감동은 없다고 흔히들 말한다. 이에 비해 무심코 읽은 책에서 크게 감동하는 경우가 있다. 교과서에 감동하는 일은 별로 없지만 숨어서 읽은 책에서 잊을 수 없는 감명을 받을 수도 있다.

읽어야 한다고 정해진 책은 아무리 읽어도 재미가 없고, 서점에서 서서 읽은 책은 손에서 놓을 수 없을 정도로 재미가 있다. 그래서 서서 읽던 책을 사서 읽어보니 그렇게까지 재미있는 책은 아니었다는 경우도 있다.

아무래도 사람은 어느 정도 심술을 가지고 있는 듯하다. 열심히 최선을 다하는 것보다 가벼운 기분으로 하는 편이 오히려 더 잘되는 경우가 있다. 무엇보다 재미가 있다. 이 재미가 바로 화학적 반응이다. 진지하게 정면으로 맞서는 물리적인 것과는 대조적이라고 할 수 있다.

화학적인 것은 실패가 많다. 그러나 그 실패 속에 새로운 것이 숨어 있다. 세렌디피티로 연결된다. 전화위복이라는 표현처럼 세렌디피티는 실패, 실수의 명예로운 이름인 것이다.

난독의 위대한 탄생

역사적인 세렌디피티도 있다.

세계적 고전으로 알려진 《걸리버 여행기》는 18세기 영국에서 발간되어 지금도 많은 아이들에게 사랑받고 있다. 그러나 《걸리버 여행기》가 처음부터 아이들을 위해 집필된 동화는 아니었다.

작가 조너선 스위프트Jonathan Swift는 당시 영국의 정계가 부패한 것에 화가 나 정계를 공격하기 위해 풍자 작품을 썼다. 사실적으로 쓰면 명예훼손 등을 당할 위험이 있으니 동물을 등장시켜 가공의 이야기로 풀어냈다. 동시대 독자들에게는 그것만으로도 충분히 작가의 의도가 전달되었다. 여왕 앞에서 줄타기하는 소인이 당시의 재정경제부 장관을 묘사한 것임을 누구나 다 알 수 있었다.

그러나 세월이 흐르면서 풍자의 미묘한 내용들은 잊혔다. 이유를 모르고 읽으면 난독이 된다. 즉, 올바르게 읽을 수 없다. 내용을 잘못 이해한 것이다.

그래서 지금의 새로운 《걸리버 여행기》가 탄생했다. 작가가 알았다면 깜짝 놀랐겠지만 이미 오래전에 세상을 떠난 사람이기에 반대의 목소리도, 아무 일도 일어나지 않았다.

그렇게 풍자 작품 《걸리버 여행기》는 동화 《걸리버 여행기》로 그 성격이 바뀌면서 세계 문학 중에서도 손꼽히는 작품이 되었다. 따라서 동화 《걸리버 여행기》 또한 세렌디피티로 인한 발견이라고 말할 수 있겠다.

기독교의 성서는 경전이다. 신앙서이다. 신의 책으로서 읽어야 한다. 그러나 표현의 아름다움에 마음이 홀려 성서를 읽는 사람들이 나타났다. 일종의 모독이다.

그러나 어떻게 보면 잘못 해석한 덕분에 문학적 관점에서도 성서를 바라볼 수 있게 되었다. 이 또한 세렌디피티라고 볼 수 있다.

유카와 히데키湯川秀樹 박사는 중간자中間子이론으로 노벨

상을 받은 첫 일본인이다. 미국에서 검증될 때까지 이른
바 가설에 불과했던 중간자이론을 유카와 박사는 어떻
게 생각해낸 것일까? 정확한 사실은 아무도 모르지만,
중국 고전의 영향을 받았을 것이라고 생각한 사람이 많
았다.

유카와 박사는 중국 문학의 석학가에서 태어나 어린
시절부터 한문학 고전에 친숙했다. 한학자가 되려고 했
던 것은 아니었겠지만, 자서전을 통해 '어린 시절 한문
서적을 읽고 배운 것을 쓸데없는 일이었다고 생각하지
않는다. 오히려 그 의미도 모른 채 읽었던 한문 서적들
로 인해 큰 성과를 거둘 수 있었다고 생각한다'라고 밝
혔을 만큼 난독이라고 봐도 좋을 여러 책을 접했을 것이
다. 전문적인 물리학과는 아무런 관계도 없는 중국 고전
을 말이다.

그렇게 중국 고전을 난독했기에 세렌디피티가 일어나
중간자이론의 근간 같은 것을 생각해낼 수 있었던 것은
아닐까? 만약 정말 그렇다면 이 얼마나 멋진 세렌디피
티인가!

난독은 좋지 않다고 흔히들 말한다. 될 수 있는 한 피
하는 것이 바람직하다고도 말한다. 그러나 **난독이 아니**

고서는 세렌디피티가 발생하지 않을 수도 있다는 사실을 인정하는 것부터가 새로운 사고를 하는 것이다. 그러므로 인문 계열에서도 충분히 세렌디피티가 일어날 수 있다.

8장

언어의 흐름을
살려야
의미가 산다

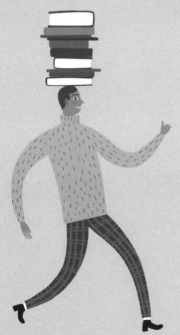

나의 난독

  시골 중학교 출신으로 도쿄에 있는 대학교에 입학은 했지만, 수업이 전혀 재미있지 않았다. 학문을 연구힐 목직으로 진학했지만 잘못 생각한 듯한 느낌이 들어 '어쨌든 진학은 했으니 책이나 읽어야지'라고 생각했다. 물론 진지하게 고민하거나 한 것은 아니었다.

  대학 도서관에는 멋진 열람실이 있었다. 수업이 끝나면 도서관으로 가 책을 빌렸다. 늦게까지 책을 읽었다.

  어떤 책을 읽으면 좋은지 알지 못했기에 도서 목록을 뒤적이거나 도서 카드를 무의미하게 넘겨보기도 했다. 읽고 싶은 책은 사서에게 꺼내달라고 부탁했다. 사서가 책을 찾아 나올 때까지 기다리는 일은 큰 즐거움이었다.

어느 날 갑자기 어원 분야에 흥미가 생겨 에도시대의 유학자이자 정치가였던 아라이 하쿠세키新井白石의 《도가東雅》라는 어원론을 탐독했다. 어원 해설서인 《도가》를 읽으면서도 자세한 내용은 이해하지 못한 채 그냥 '재미있는 부분도 있구나' 하고 생각했다. 이른바 난독이었다.

학교 기숙사에서 지냈다. 기숙사에는 작은 도서실이 있었는데 책의 가짓수는 많지 않지만 개방식이어서 마음대로 책을 꺼내 볼 수 있어 좋았다. 도서관 사서에게 일일이 꺼내달라고 부탁하는 것보다 재미있었다.

기숙사 도서실에는 당시 막 출간된 데라다 도라히코의 전집이 죽 늘어서 있었는데 정말 장관이었다. 그러나 어찌 된 일인지 빌리는 사람 하나 없어 그냥 나란히 늘어서 있었다.

나는 망설임 없이 도라히코의 책을 읽기로 했다. 물론 이유가 있었다.

중학교 4학년(1931년까지 일본의 교육과정은 초등학교 4년, 중학교 4년, 고등학교 4년이었다.—옮긴이) 때, 국어 교과서에서 요시무라 후유히코吉村冬彦(도라히코의 필명)의 〈과학자와 두뇌〉라는 글을 읽었다. 선생님의 설명은 재미없었지만,

138

왠지 모르게 글 내용에 끌렸다. 그때까지는 별다른 이유도 없이 그냥, 재미있는 문장이라면 소설이나 산문을 먼저 떠올렸지만, 〈과학자와 두뇌〉라는 수필을 통해 문학적 표현과는 별개의 전혀 다른 재미를 알게 되었다. 문학의 즐거움은 감상적인 느낌이지만, 〈과학자와 두뇌〉는 어딘가 무미건조함이 느껴져 좋았다. 도라히코에 대한 숭배의 마음에 살짝 발만 담근 탓인지도 모르겠지만, 딱히 잊으려고 한 것은 아닌데 시험공부의 북새통 속에 도라히코는 어느새 잊혔다. 그런데 기숙사 도서실에 나열되어 있던 데라다 도라히코의 전집이 그 옛날의 추억을 떠올리게 했다.

매일같이 읽었지만 명확한 목적이 있었던 것은 아니었다. 다만 책을 읽는다는 것이 재미있있으며, 읽으면 읽을수록 조금이나마 스스로가 성장한 듯이 느껴졌다. 그러나 실상은 난독이었다.

도라히코의 책은 그 후로도 전쟁 전후 10년 정도 꾸준히 읽었다. 전쟁이 끝난 후에 출간된 복간본《데라다 도라히코 전집寺田寅彦全集》도 찾아서 열심히 읽었다. 아마 3회 정도 읽었을 것이다. 그러나 부끄러울 정도로 기억에 남아 있는 것은 별로 없다.

난독한 또 다른 책도 있다. 심리학책이었다. 학교에서 들은 심리학개론 수업이 너무 재미있었다. 그 수업을 계기로 그때까지는 전혀 몰랐던 심리학에 마음이 끌려 세간의 두터운 평판을 받던 프로이트의 책을 처음으로 읽기 시작했다. 그러다 점점 수업시간에 배운 게슈탈트 심리학이 더 재미있어졌다. 스스로는 도라히코의 영향 때문이라고 멋대로 생각했지만 그렇지 않을 수도 있다.

심리학 관련 책 또한 난독이었기에 제대로 이해한 내용은 극히 적은 부분에 지나지 않는다는 것을 스스로도 잘 알고 있었다.

학교를 졸업한 후, 스스로 고찰하고 문제를 고민하며 '어디에서도 차용하지 않은 나만의 생각을 글로 쓰고 싶다', '논문을 정리하고 싶다'라고 생각하는 데까지 10년이라는 세월이 걸렸으니 그만큼 두뇌의 작용이 활발하지 않았다는 말일 것이다.

문과 계통의 연구는 아무래도 오리지널리티가 결여된, 타인 또는 다른 책에서 빌려온 지식을 적당하게 뭉그뜨려 완성한 논문이 너무나도 많다. 그렇게 해서는 안 된다는 것을 도라히코나 심리학이 넌지시 알려준 것일지도 모르겠다. 그러나 오리지널리티가 없는 글은 논문이 아니라고 마음먹은 것까지는 좋았는데, '어떻게 하면 오리지널적인 생각을 할 수 있을까?'에 대해 알려주는 책은 만나지 못했다. 어떻게 보면 도라히코의 책이 오리지널리티와 가장 가까운 존재이기는 했지만, 도라히코의 책 또한 어떻게 하면 오리지널적인 사고를 할 수 있게 되는지는 알려주지 않았다.

말의 비연속의 연속

　　　　오리지널 주제는 머리만으로는 떠오르
지 않는다. 활기찬 활동 속에서 불쑥 튀어나오는 듯하다.
책상에 앉아 생각하는 것만으로는 부족하다. 앉았다 누
웠다 일어났다 하는 모든 행동 속에, 또 머릿속에 남아
있어야 비로소 주제가 될 수 있다.

　오랜 시간 영어 읽기에 힘겨워하다가도 왜 세렌디피
티만 일어나면 어느 날 갑자기 제각기 떨어져 있던 단어
들이 끊어진 곳 하나 없이 하나의 의미로서 다가오는 것
일까? 자꾸 이런 바보 같은 생각이 신경 쓰였다. 그러나
이유를 설명해줄 사람도, 책도 없는 듯하니 스스로 생각

하는 수밖에 없다고 마음먹었다.

　제각각 떨어져 있던 단어들이 움직임에 따라 연결되어 흐른다는 말은 영화 필름을 영사하는 것과 비슷하지 않을까 하고 생각하게 된 것은 도라히코의 〈과학자와 두뇌〉 식 유추 때문이었다.

　도라히코는 똑똑한 과학자와 그렇지 않은 과학자를 빠릿빠릿한 여행자와 느릿느릿한 여행자에 빗대어 각각의 특징을 솜씨 좋게 명확히 설명했다. 똑똑한 사람은 후지산 산기슭에 도착하는 것에 만족하며 돌아가 버리지만, 머리가 좋지 않은 사람은 일단 산을 오른다. 올라가다 보면 모르던 새로운 것을 발견할 수도 있다. 걸음이 빠른 사람은 오로지 앞으로 전진하는 것만 생각하며 한눈도 팔지 않는다. 걸음이 느린 사람은 천천히 뒤따라가다 걸음이 빠른 사람이 놓치고 간 꽃을 발견한다. 도라히코는 유추법을 사용하여 이러한 의미에 대해 잘 설명해주었다.

　그래서 '왜 조각조각 난 것일까?', '하나로 연결될 수 있을까?' 이러한 나의 의문들을 영화에 빗대어 유추해보기로 했다.

　계기는 뜻밖에 찾아왔다. 어느 날 교외를 걷고 있는데

멀리서 거문고 소리가 들렸다. 거문고 소리는 가까이에서 들으면 하나하나의 음이 끊어져 들리지만, 멀리서 들으면 끊어진 곳이 사라진 듯 연결된 소리로 들린다. 하나의 음의 잔향이 다음 음을 뒤덮으며 두 음 사이에 있는 빈틈을 메운다. 멀리서 들은 거문고 음에서 말이 가진 비연속의 연속을 해결할 수 있는 힌트를 얻은 듯했다.

말은 하나하나의 잔향, 잔상을 가지고 있어 그것이 다음 말로 연결된다. 문자를 빌려 표현하자면, 말은 멀리서 들은 거문고 소리처럼 영화 필름과 닮아 있다.

하나하나의 장면은 정지되고 단절되어 있다. 거기에 속도감 있는 어떤 움직임을 더하면, 즉 영사하면 빈틈은 사라지고 하나로 이어진 듯한 움직임처럼 흘러간다. 그와 마찬가지로 **하나하나 독립된 말에 속도를 붙여 읽으면 앞 단어의 잔상이 작용을 일으켜 다음 단어와의 사이에 있는 공백을 메워 연결된 흐름이 생겨난다.** 이러한 가설을 세웠다.

영어를 예로 들어보자.

Each of us have decided to discontinue our member ship. (우리는 각각의 멤버십을 취소하기로 했다.)

위의 문장은 문법상 오류가 있다. 주어인 Each of us 는 단수 명사이다. 따라서 다음에 오는 동사는 has여야 한다. 그러나 has 대신 have라는 복수형이 동사로 사용되었기에 문법적으로는 틀린 문장이다. 지금까지의 영어 문법이라면 앞의 복수형 us에 맞추어 has가 have로, 또 뒤의 our는 his여야 한다. 그런데 have가 오는 이유 등의 내용을 '색인'으로 정리해 합리화하려 했다.

그러나 나는 색인으로 설명할 문제가 아니라 잔상의 움직임으로 이러한 파격이 일어났다고 생각했다. 복수 us의 잔상이 동사에 영향을 미쳐 have를 끌어낸 것이다. 나는 이 잔상을 '수사적 잔상'이라고 이름 붙였다.

수사적 잔상을 이해하자 위의 예문 이외에도 다양한 곳에서 수사적 잔상이 적용됨을 알 수 있었다.

이를테면, 이해하기 어려운 외국어 문장은 사전을 아무리 찾아보아도 명확한 의미를 알지 못하는 경우가 있다. 이럴 때 그 언어가 모국어인 사람에게 자연스러운 속도로 읽어봐 달라고 하면 다른 어떤 설명 없이도 그 의미를 깨닫게 된다. 이는 사전을 찾는 것과 같이 느릿느릿하게 읽어서는 잔상 작용이 일어나지 않기 때문이다. 잔상은 한순간에 사라지기 때문에 정독, 독해 등에서는 작용하기 어렵다. 외국어의 경우, **읽는 데 너무 공을 들이면 지나치게 속도가 느려져 저절로 작용하는 잔상 작용을 막아 실제로 더 이해하기 어렵게 된다**는 것을 알 수 있었다.

일본어의 장점인 여운도 잔상 작용이 크게 일어난다.

일본의 짧은 정형시인 하이쿠를 예로 들어보자.

오래된 못에 / 개구리 뛰어들자 / 첨벙 물소리古池や蛙飛
込む水の音

—마츠오 바쇼松尾芭蕉

일반적으로 일본어에는 띄어쓰기가 없지만, 5·7·5의 음수율을 지닌 하이쿠에는 '오래된 못에古池や'라는 5음절 뒤에 커다란 공백이 있어 오래된 연못의 잔상이 여운을 감돈다. 구句를 매듭짓는 '에や'가 그 공백을 확보하는 역할을 한다.

만약 공백 없이 '오래된 못에'라는 구절 뒤에 '개구리 뛰어들자蛙飛込む'가 바로 이어진다면 결국 잔상을 방해하여 재미를 떨어뜨렸을 것이다. 공백을 넣어 마치 전후가 관계없는 듯 '개구리……'를 가지고 온다. 그러자 오래된 연못의 여운이 깊어진다. 그다음에는 휴지(休止)를 두어 작은 여운을 울리며 '물소리(水の音)'를 가지고 온다. 또다시 생긴 커다란 공백에 구 전체의 잔상이 여운으로 남는, 이러한 순서로 시구가 진행된다.

하이쿠는 의도하지 않은 수사적 잔상을 충분하게 잘 살린 시의 형태라 말할 수 있다. 외국의 하이쿠 애호가에게도 참고할 만한 내용이라고 생각한다. 잔상에 의한 여운이 있어야 비로소 17음의 단형이 제대로 자립할 수 있다.

난독의 재발견

수사적 잔상이라는 가설은 데라다 도라히코의 〈과학자와 두뇌〉의 유추법에서 착안한 것이지만, 이러한 유추는 그저 재미있게 읽은 난독에서 배운 것이다. 다시 한 번 말하지만 나는 유추법을 정식으로 배운 적이 없기에 유추법 그 자체가 나에게 있어서는 난독에 의한 세렌디피티라고 말할 수 있다.

말의 이미지, 울림, 여운이라는 잔상 작용은 일시적인 독서에서도 얻을 수 있는 듯하다. 좁은 전문 분야의 책만 읽다 보면 우리의 머리는 어느새 굳어져 창조성이 떨어진다. 모방으로 치우치게 된다. 그러나 가벼운 마음으로 **빨리 읽은 부분에 의외의 아이디어나 힌트가 숨어 있는 경우가 많다.** 난독의 효용인 듯싶다. 전문 바보가 나타나는 것도 좁은 항아리 속에서 그곳이 세상의 전부인 줄 알기 때문으로, 항아리를 빠져나와 넓은 바다를 유영해야만 넘치는 행복을 맛볼 수 있다.

난독의 좋은 점은 빨리 읽을 수 있다는 것이다. 전문적인 지식을 얻기 위한 목적으로 책을 읽으면 자신도 모르는 사이에 책 읽는 속도가 느려지게 된다.

말이란, 앞서 말했듯이 잔상을 동반한다. 시간적인 현상이므로 책을 자세히 읽을 경우 잔상에는 별로 도움이 되지 못한다.

그렇기에 정독하는 사람은 담화에 미흡한 구석이 있다. 말은 일정한 속도를 가진다. 지적인 말을 잘하는 사람일수록 말하는 박자가 빠르다는 이야기를 자주 듣는다는 것이 흥미롭다. 천천히 말하면 정서적인 효과는 뛰어나지만 새로운 것을 생각해내거나 오리지널인 내용을 얘기할 경우가 드물다.

문자는 음성언어보다 템포가 느긋하다. 그러나 문자로 적힌 내용을 읽을 때는 말할 때의 템포보다 빠르다는 것에 주목해야 한다. 말의 템포라는 관점에서는 독자가 저자보다 우위에 서 있다. 어렵다고 하여 지나가듯 읽는 것은 현명하지 못하다. 실제로 가볍게 읽는 것을 권장하는 사람도 적지 않지만, 이는 한번 생각해볼 필요가 있다.

일반적으로 난독은 속독이라고도 말할 수 있다. 그러나 이를 조잡한 읽기법이라고 생각한다면 그것은 편견이다. 의외로 천천히 읽으면 놓치는 내용을 바람과 같은 속도로 빨리 읽었기에 이해할 수 있는 경우도 많이 있다. 이것이 바로 난독의 효용이다. 책이 별로 없어 귀중해 손에 넣기 힘들었던 시대에 정독이 바람직하게 여겨졌던 것은 어찌 보면 자연스럽고 타당한 일이다. 그러나 지금은 다르다. **책은 넘칠 듯이 많은데 읽을 시간이 없다. 이런 상황에서야말로 난독의 가치를 재정비해야 한다.**

'사람들이 책을 읽지 않는다', '책에서 멀어지고 있다'라고 말하는 요즘, 난독의 장점에 눈을 뜨는 자체가 세렌디피티라고 말할 수도 있다.

지금까지의 독서에서는 잘 볼 수 없었던 세렌디피티, 적극적인 난독이라면 훨씬 더 많이 일어나지 않을까? 이것이 바로 이 책을 쓴 이유이다.

9장

작가와 작품을 절대시하지 마라

문학이란 무엇인가?

전쟁이 끝나고 군대가 철수하자 그때의 표현으로 복원復員이라는 것을 한 나는 대학 1학년생이었다. 당시는 9월에 신학기가 시작했기에 복원하자마자 우리는 자동으로 2학년이 되었다. 식량 사정 등이 심하게 좋지 않아 신학기가 시작되어도 학생들이 좀처럼 학교로 돌아오지 않았다. 11월이 되어서야 겨우 학생들이 다 모일 수 있었다.

그러자 주임교수였던 후쿠하라 린타로福原麟太郎 선생님이 학생 한 명 한 명을 대상으로 '인터뷰'를 실시했다. 인터뷰라는 것이 매우 신선하여 새로운 시대가 시작했다는 느낌이 들었다. 학생 수가 적다고는 해도 모두를 만난다는 게 쉽지 않은 일이라는 것까지 학생들은 생각할 겨를이 없었다. 내 순서가 다가왔다. 훌륭한 선생님 앞에서 좀처럼 입이 떨어지지 않았다. 인터뷰가 끝날 무렵 선생님이 질문했다.

"뭐 힘든 일은 없나요?"

갑작스러운 질문에 뭐라고 대답을 하면 좋을지 몰랐다. 갑자기 그 무렵 항상 생각하고 있던 고민이 입 밖으로 튀어나왔다.

"문학이란 무엇인가요? 도저히 모르겠습니다."

이렇게 질문했다. 교수님은 당황하신 듯했다. 그제야 비로소 이런 질문은 하는 게 아니었다는 생각이 들었다.

패전 후 얼마 지나지 않은 무렵이었다. 도저히 공부할 수 있는 상황이 아니었다. '학생들이 힘들어하고 있을 테니 할 수 있는 것이 있다면 도와주고 싶다.' 이런 생각으로 학생과 개인 면담을 진행하셨을 것이다. 그런데 내가 갑자기 문학이란 무엇인지 따위의 문제를 꺼내 들었으니 교수님이 얼마나 놀라셨을지 짐작이 간다. 그러나 교수님은 온화하게 대답해주셨다.

"정말로 어려운 문제지요? 이 자리에서 당장 문학이

란 이렇고 저런 것이라고 알려줄 수는 없지만, 점차 알게 되지 않겠습니까?"

이러한 답변을 감사하게 생각해야 했지만, 그때는 그런 생각이 들지 않았다. 진지한 질문에 얼버무리는 듯한 대답이 마음에 들지 않았다. 나 혼자의 힘으로 답을 찾아야겠다고 결심했다.

인터뷰가 이뤄졌던 옆방은 영문과 도서실이었다. 인터뷰가 끝나자마자 곧장 도서실로 걸어갔다. 문학 일반 general 부문의 책을 전부 읽으면 문학이라는 것을 알 수 있게 되리라 생각했다. 그날 당장 앞에서부터 순서대로 두 권의 책을 꺼내 빌려왔다.

영문과 도서실은 영문과 조교가 관리했다. 당시 조교는 세 학번 위였던 야마지 다로山路太郎 선배로, 세계적 비평가이자 시인이었던 윌리엄 엠프슨William Empson이 도쿄대학에서 가르친 학생 중에서 엠프슨을 가장 잘 이해한 훌륭한 학생이었다.

그래서 엠프슨이 속한 이른바 케임브리지학파의 저서가 정말로 잘 정리되어 있었다. 외국에서 더는 책이 들어오지 않았을 때도 영문과 도서실만큼은 진귀한 책들로 가득했다. 그 당시에는 그것이 얼마나 큰 은혜인지 모른 채 받기만 했다. 세월이 흘러서야 알게 된 고마움은 60년이 지난 지금도 변함이 없다.

나의 독자론

　　항상 빌려온 책을 손에서 놓지 않았다. 전철을 기다리는 동안에도 잠깐이나마 책을 읽었다. 밤 늦은 시간까지 다른 일들은 내팽개친 채 빌려온 원서를 읽었다. 일주일에 세 권 정도의 페이스로 책을 읽은 듯하다. 즉, 난독을 했다.

　물론 노트에 적지는 않는다. 아니 적을 수가 없다. 학교에서 빌린 책이므로 메모도 할 수 없었다. 감명받은 내용은 머리에 넣어두고 반복했다. 그래도 중요한 내용은 잊어버리지 않았다. 노트에 정리하면서 책을 읽는 것이 바람직하다는 생각이 바뀌었다. **빨리 읽어도 마음을**

울리는 부분은 사라지지 않는다는 것을 알고 난 후, 노트에 정리하면서 책 읽는 방법을 멈추었다. 난독법을 내 나름대로 정립한 것이다.

어찌 된 일인지 그 무렵, 여성학자, 비평가, 작가에게 흥미가 끌려 케임브리지 출신 중에서도 버지니아 울프Adeline Virginia Woolf에게 열중했다. 그러다 그다지 유명하지 않은 Q. D. 리비스Q. D. Leavis라는 여성 비평가에게 또 매료되었다. 전혀 새로운 각도에서 사물을 바라본다는 점이 매력적이었다. 울프도 그렇지만 리비스 또한 이렇게 똑똑한 사람이 있을 줄이야, 하고 눈이 휘둥그레졌다. 《소설과 독자층Fiction and the Reading Public》이라는 책을 읽고는 눈이 번쩍 뜨였다. '지금까지 이런 시점에서 문학을 바라본 사람은 없었어!'라고 생각했다.

케임브리지의 라이벌 격인 옥스퍼드 대학은 보수적이며 전통을 중시하나 그만큼 케케묵었다. 옥스퍼드 영문과 주임교수로부터 "작품은 있는 그대로 읽으세요"라는 말을 들은 적이 있다. 아무리 미숙한 일본인 학생이라고 해도 애도 아니고 좀 더 멋진 말로 표현할 수는 없었는지 그런 생각을 한 적이 있다. 그만큼 케임브리지의 지적 사고는 신선했으며 자극적이었다. 나는 Q. D. 리비스의 책에 푹 빠져 있었다. 얼마간 다른 것은 생각도 할 수 없을 정도였다.

그렇다고 하여 전면적으로 심취해 있었던 것은 아니다. 군데군데 따라갈 수 없는 곳도 있었다. 내가 좁은 사고를 하는 것이 아니라 단지 가치관이 다르기 때문이라고 생각했다. 독자를 예로 들어보자. 우리는 우선 한 명한 명의 독자를 먼저 생각하지만, 리비스는 독자층reading public을 문제로 내세운다. 왜 개인이 아니라 집단을 먼저 생각하는 것일까? 처음에는 이유를 몰랐지만, 점차 더 근본적인 문제가 숨어 있다는 생각이 들었다.

잠시 책을 놓고 이것저것 상상을 하는 동안 독자라는 존재의 중요성에 도달한 듯한 느낌이 들었다.

지금까지는 문학에서 가장 중요한 것은 작품이며, 그다음으로 고려되는 것이 작품을 만들어낸 저자였다. 그렇기에 문학 연구는 작품론과 작가론으로 완결된다고 한다. 문학사를 봐도 작품명과 작가명만 나온다. 작품을 읽는 독자 수가 많은 것도 있겠지만, 일단 문학사에서는 독자의 모습을 찾아볼 수 없다.

'이 얼마나 부당한 일인가!' 나는 이렇게 생각했다.

독자가 없다면 과연 작품이라고 말할 수 있을까? 문장

이라고는 할 수 있어도 작품이라고는 말할 수 없다는 생각이 들었다. 적어도 문학작품이 성립하기 위해서는 형식상 작가, 작품 그리고 작품을 읽는 독자가 필요하다. 그렇기에 독자를 완전히 무시한다는 것은 부당하다. 왜 전 세계적으로 이러한 부조리가 상식처럼 받아들여지게 된 것일까? 이러한 의문들이 솟아나자 나는 긴장을 했다. 어쩌면 내가 오해하고 있는 것인지도 모른다. 만약 오해하고 있는 것이 아니라면 이것이야말로 중대한 발견일지도 모른다고 생각했다.

그렇게 몇 년 동안 항상 독자에 대한 문제가 머릿속을 떠나지 않았다. 그리고 **독자는 작품의 필요조건이며, 독자가 없는 책은 단순한 문서기록일 뿐 문학작품이라고는 말할 수 없다는 명제에 도달했다.**

또한, 독자론이라는 장르가 필요하다고 생각하여 논문도 발표했다. 그러나 그 시절에는 독자에 관한 선행 연구가 없었기에 내 논문은 인정을 받지 못했다. 이상한 말을 한다고 눈총을 받았다. 그렇다고 다른 사람에게 인정받고 싶어서 독자론에 대해 고찰한 것은 아니기에 한편으로는 무시당해도 아무렇지 않았다.

그렇게 얼마가 흘러 국문학자 출신의 마에다 아이^{前田愛}

씨가 일본 문학이라는 관점에서 논한 독자론이 일부 사람들에게 긍정적인 평가를 받았다. 그러나 나의 독자론에 눈길을 주는 사람은 여전히 없었다.

1970년대가 되자 독일에서는 수용론이 일어났다. 그 즉시 일본에도 소개되자 새로운 이론이라며 흥분한 사람도 있었지만, 수용론은 일단 유럽에서 탄생한 이론이다. 쉽사리 그대로 받아들여 우리 것으로 만들 수가 없었다. 결국, 어느새 잊혔다. 나의 독자론은 독일의 수용론보다 적어도 10년은 빨랐다. 물론 완전히 다른 생각을 바탕으로 하고는 있지만 지향하는 점은 일치한다(참고로 한 가지 재미있는 점은, 이러한 수용론이 제2차 세계대전 패전국인 일본과 독일에서 나왔다는 것이다. 나의 독자론은 독일의 수용론과는 전혀 연관이 없지만, 지금까지 약자 취급을 받으며 무시당한 독자에게 빛을 비춰준다는 점에서는 비슷하다고 볼 수 있다).

작가만 존재하는 독서

        내 독자론은 작가 절대시에 대한 의문을 품고 있다. 인쇄문화의 발달과 보급은 힘 있는 작가와 끌려가는 독자를 양산해냈다. 작품은 모두 작가의 손에서 창조된다. 독자는 작품 전체를 있는 그대로 받아들이는, 단순히 읽는 즐거움만을 느끼는 존재라고 생각했다. 그렇지 않은 독자가 있다 하더라도 자신의 의견을 전달할 수가 없었다. 독자의 입장을 나타내는 비평 정도는 있어도 좋을 텐데, 비평은 작품에 고개를 숙이고 작품을 떠받들다 신주神主 같은 처지가 되고 말았다. 독자는 침묵의 향유자享受者였다. 그리고 그 침묵은 지금도 이어지고 있다.

외국의 문학이나 저서를 읽어야 하는 고된 시련을 겪으며 내 속에 독자로서의 개성 같은 것이 싹튼 듯하다. 특히 Q. D. 리비스 책을 읽고 난 후 이런 생각에 대해 눈떴다고 말할 수 있다.

내가 생각하는 바람직한 독자를 나는 '근대독자'라 칭하는데, 이는 수동적이기만 한 독자를 의미하는 것이 아니며 또한 작품을 찬미만 하는 독자도 아닌, **자신의 개성을 바탕으로 해석을 더하고 희미하게나마 작품의 생명에 영향을 미칠 수 있는 액티브한 독자**를 말한다. 이런 독자가 없다면 작품이나 책은 많은 사람에게 받아들여지지 않는다. 독자에게 있어 해석이라는 것은 더없이 큰 의미를 포함하고 있어 때로는 작품의 운명을 좌우하기도 한다. 나는 이러한 것들이 근대독자의 특징이라고 보며, 개략적인 내용을 《근대독자론近代讀者論》(1963)에 정리해보았다. 그러나 이후 반세기가 지난 지금도 가설인 채로 남아 있다.

더 자세한 이야기야 어쨌든, 작품의 결정적 중요성이 독자에게 있다는 주장이 언젠가는 인정받는 날이 오리라 생각한다. 일본만의 문제가 아니라 넓게는 세계 문학에 대해서도 그렇게 생각하는 시대가 곧 찾아올 것이다.

나는 그렇게 믿고 있다.

불리한 조건의 권유

"문학이란 무엇입니까?"

교수님에게 물어보아도 답을 알 수 없었기에 문학개론, 문학원론에 관한 서적을 손에 잡히는 대로 읽었다. 그러나 읽으면 읽을수록 모르는 것이 더 많아진 듯한 느낌이 들었다. 결국, 책으로 해결할 문제가 아니라는 것을 깨달았다. 즉, 내 나름의 노력이 실패했다는 말이다. 그러자 그때까지 명확하게 자각한 적이 없던 독자에 대한 문제가 급부상했다.

오랜 시간 외국어를 공부하다 보니 어느새 독자로서의 나 자신, 개성과 같은 것들이 성립된 것이리라. 더불어 독자에 관해 논하는 책을 만나 깨달은 지견이 반쯤 잠들어 있던 나의 흥미를 끌어냈을 것이다. 게다가 단순하게 뒤섞여버리는 것이 아니라 활발하게 화합하고 융합 반응을 일으켰다. 그때까지는 존재하지 않았던 독자의 독립이 일어났다. 작은 부분이지만 세렌디피티가 일어난 것이다. 스스로도 놀랐다. 그리고 몇 년 동안이나 케임브리지학파에 대해 접할 수 있었음에 감사함을 느꼈다.

전쟁이 끝난 직후의 일본은 영국의 새로운 문학비평서를 연달아 계속해서 읽을 수 있던 상황은 아니었지만, 다행히도 학교 연구실에 엄선된 서적들이 갖춰져 있었던 것만큼은 정말로 큰 우연한 행운이었다. 일본뿐만 아니라 다른 나라에서도 이렇게까지는 책을 갖추지 못했을 것이다. 그런 특별한 행운을 만났다고 생각한다. 그랬기에 다른 곳에서는 상상할 수 없는, 새로운 착상이 떠오른다고 해도 그다지 놀랄 일은 아니라고 스스로 생각했다.

요즘, 연구나 유학을 위해 해외에 나가는 사람들이 많아지다 보니 젊은 사람들이 경쟁하듯 해외로 나가려고 한다. 그러한 모습을 옆에서 지켜보면서 외국에서 자신의 지식 부족, 능력 부족을 깨달아 지적 활력을 잃는다는 것은 그다지 현명한 일은 아니라고 생각했다. 국내에 머물며 공부해도 마음만 먹으면 새로운 것을 발견할 수 있는 기회는 얼마든지 만들 수 있다. 다른 사람이 생각지 못한 것을 자력으로도 충분히 발견할 수 있다. 그렇기에 해외 유학이란 단순히 현지에서 거주하는 것일 뿐이라는 생각을 굳혀갔다.

이러한 생각에 대해 직접 얼굴을 마주 보며 비판하는 사람은 없었지만 이단아 취급을 받은 적은 있다. 그러나 시간이 흘러 다시 생각해봐도 비유학주의가 반드시 틀린 것은 아니라는 생각이 든다.

외국에서 유학을 한 사람들은 새로운 지식을 습득했다. 완전히 새로운 학문을 접해 눈뜬 사람들이 많았다. 그래서 유학을 하지 않은 사람들은 스스로를 뒤처진 사람처럼 느끼고는 했다.

그렇다면 유학생들은 모두 세렌디피티를 경험했을까? 그렇지 않았다. 지식은 잔뜩 습득했지만 어려운 문제를 스스로 생각하는 힘은 잃어버린 경우가 많았다.

스스로 생각하는 힘을 기르는 데 있어 강력하게 영향력을 미치는 사람이나 책이 나와 가까이에 있을수록 오히려 더 방해되는 듯하다. 오히려 관계성이 먼 책을 읽고 멀리 떨어져 생각해야 세렌디피티가 일어난다. 성공에서는 새로운 것이 발견되지 않는다. 실패와 오해 속에서 새로운 아이디어가 우연히 떠오른다.

독자에 대한 생각을 정립하면서 그것을 계기로 이런 막연한 생각들을 하게 되었다. **있으면 좋은 조건들로부터는 멀어지고 불리한 곳에서 노력하는 편이 새로운 것을 발견할 수 있다**고 믿게 되었다.

유학을 했다면 나의 독자론은 탄생하지 않았을 것이 분명하다.

10장

글을
새롭게 하는 힘,
에디터십

교사로서의 좌절

시간이 지나 생각해보니 학교를 졸업하고 보낸 10년 정도, 나는 실패투성이였다는 생각이 든다.

대학교 졸업 직후, 바로 모교의 부속중학교 교사가 되었다. 주변에서 꽤 괜찮은 직장이라며 축하해주기도 해 조금은 우쭐한 기분으로 학교에 부임했다.

그러나 3개월이라는 시간이 지나자 도저히 이래서는 안 되겠다는 생각이 들었다. 학생들이 머리가 좋다는 것은 인정하지만, 그러다 보니 어떤 면에서는 교사를 바보 취급하곤 했다. 게다가 신임 교사에게는 고분고분하지도 않았다. 가르치는 게 싫증 나기 시작했다.

말은 이렇게 하지만, 대학교 재학 중에 아르바이트로 어느 사립중학교 교사를 한 적이 있다. 전쟁의 피해로 깨진 창문이 그대로 남아 있던 학교였다. 그 학교에서 중학교 3학년 학생들의 영어를 가르쳐달라는 부탁을 받았다. 수업시간이 되어 학생들에게 그동안의 학습 내용에 대해 물어보자 중학교에 입학해 2년 동안 영어는 알파벳을 배운 게 다라고 했다. 즉, 중학교 3학년이지만 1학년 교과서부터 다시 시작해야 한다는 말이었다. 그래서 앞으로의 1년간 3년 치의 수업을 진행하기로 마음먹었다.

그리고는 학생들에게 말했다.

"지금까지처럼 해서는 절대로 따라갈 수 없어요. 저도 열심히 할 테니 여러분도 노력해야 합니다. 여러분이 노력해서 따라와 주세요. 그렇지 않으면 저는 학교를 그만둘 수밖에 없습니다."

이렇게 말을 하자 학생들은 "공부할게요", "노력할게요", "그만두지 마세요" 이렇게 외쳤다.

그렇게 수업이 시작되었다. 학생들은 애처로울 정도로 공부했다. 다른 과목 교사들에게서 "영어 공부만 하고 내가 낸 숙제는 하지도 않아요"라는 불만이 터져 나왔다.

그렇게 1년 동안 3년간의 학습 과정을 끝냈을 때, 나도 학생도 하나같이 함성을 질렀다. 1년 동안의 교직생활을 마치고 대학교로 돌아온 나는 졸업논문에 전념했고, 2년 후에 가르쳤던 제자 중 두 명이 도쿄외국어학교에 합격을 했다. 그 시절 도쿄외국어학교의 영어과는 정말로 입학하기 어려운 학과 중 하나였다. 풍문으로나마 학생들의 합격 소식을 들었을 때, 나는 교육은 참 보람된 일이라고 생각했다.

조금 들떴는지도 모르겠다. '대학교 부속중학교라면 학생들도 우수하겠지', '멋진 결과를 낼 수 있겠지.' 그런 무른 생각으로 중학교에 부임했을 것이다. 내가 풋내기로 세상 물정을 몰랐던 것이다. 꿈은 순식간에 깨졌다.

1년 반 만에 사직서를 제출했다.

독자는
어디에 있는 것일까?

대학교 연구생 과정으로 돌아와 영국 고전 시詩에 대한 연구를 시작했다. 명확한 목표가 있었던 것은 아니었기에, 단순히 다른 사람이 읽지 않는 영어로 된 고서를 읽으며 혼자 우쭐해 했다.

2년 정도 지나자 연구생도 끝나갔다. 취직하려고 해도 마땅한 곳이 없었기에 '과외라도 해서 먹고살면 되겠지'라고 태평한 생각을 했다.

그때 은사인 후쿠하라 선생님의 속달우편이 도착했다. 〈영어청년〉의 편집을 해보는 것이 어떻겠냐는 내용이었다. 선생님도 갈 곳 없는 학생이 걱정된 듯했다. 마침 〈영어청년〉의 편집주임을 담당했던 선배가 대학으로 돌아오게 되었으니 그 후임을 맡는 게 어떻겠냐는 말이었다.

중학교 교사를 그만두고는 아무 쓸모도 없는 중세 영어 따위를 공부한 사람이 월간 잡지 편집 같은 것을 할 수 있을 리가 없었다. 물론 선생님도 그렇게 생각했겠지만, 후임에 적합한 사람이 없었던 듯했다. 속달에는 '대신할 다른 사람이 마땅하지 않아……' 이렇게 적혀 있었다.

거절할 생각이었지만, "일단 한번 해보고 이야기합시다"라는 말에 편집주임을 맡았다. 편집부라고는 하지만 모든 일을 혼자서 해야 했다. 전임자가 잠깐 인수인계를 해주었지만, 그 정도로는 혼자서 일을 제대로 할 수 있을 리 만무했다.

내가 편집한 잡지는 점차 팔리지 않았다. 월간 판매부수 1만 부, 반품 20% 전후로 이어지다 점점 부진의 늪에 빠졌다. 반품율은 30%, 35%가 되어도 회복의 기미가 보이지 않았고, 40%를 넘어서도 내림세는 멈출 줄 몰랐다. 사장님도 점점 언짢은 얼굴을 했다. 소개해준 후쿠하라 선생님의 얼굴도 있어 나에게 대놓고 심한 말은 하지 않았지만, 오히려 그게 더 신경 쓰였다.

'독자는 어디에 있는 걸까?', '무엇을 바라는 걸까?', '어떻게 하면 팔리는 잡지를 만들 수 있을까?' 아침에 눈을 떠 밤에 잠이 들 때까지 계속해서 생각했다. 물론 답이 나올 리가 없었다.

명편집자라 불리는 사람들이 쓴 책을 뒤져봐도 전혀 도움이 되지 않았다. '아무개에게서 원고를 받을 수 있었다', '아무개에게 처음으로 원고를 쓰게 했다.' 이런 자기 자랑 같은 이야기만 있고 참고삼을 만한 내용은 없었다. 내가 알고 싶었던 것은 집필자에 대한 것이 아니었다. 독자에 대해서 알고 싶었다. 그러나 독자에 관한 책은 내가 찾아본 한에서는 전무했다. 명편집자에게 무언가를 배울 수 있다는 생각을 바꿨다.

이차적 창조

그리고는 무작정 닥치는 대로 읽었다. 어찌 된 일인지 갑자기 음식에 관한 책에 흥미를 느껴 이 책 저 책을 읽었다.

어느 날 아침, 화장실에서 볼일을 보던 중 갑자기 편집도 요리처럼 가공해야겠다는 아이디어가 떠올랐다. "이거야!" 하고 나도 모르게 소리를 질렀다. 편집은 유례를 찾을 수 없는 일이라고 생각했지만, 그렇지 않다는 것을 깨달았다. '요리사야말로 편집에 가까운 일을 하는 사람이 아닌가!' 이런 생각이 들었다.

요리사는 요리에 사용할 재료를 만드는 사람이 아니

다. 요리에 필요한 재료를 조리하여 먹을 수 있게 만드는 사람이다. 집필자가 쓴 원고를 보기 좋게 조합하여 재미있는 지면으로 만드는 사람이 편집자라면 요리사와 비슷한 면이 있다고 할 수 있지 않을까? 그런 생각이 들었다.

이러한 생각을 계기로 에디터십editorship에 대한 개념을 잡았다. 바로 제2차 창조라고 말이다. 제1차 창조는 소재를 만드는 것이다. 그러나 그것만으로는 독자가 만족할 만한 글을 쓰기가 어렵다. 여기에서 제2차 창조가 나설 차례이다. 적절하게 가공하면 제1차 창조에서는 볼 수 없었던 새로운 가치가 생성된다.

그 자체, 즉 **단독으로는 좀처럼 재미있지 않았던 글에 그 글과는 대조적인 글을 나란히 두거나 하면 새로운 맛이 나고는 했다.** 바로 에디터십의 영향으로 제2차 창조가 발생한 것이다.

그렇게 생각하자 다른 다양한 분야에서도 2차 창조가 인정받고 있다는 것을 깨달았다.

영화는 배우의 연기로 이루어지지만, 배우가 마음대로 움직인다고 해서 영화가 만들어지지는 않는다. 감독이 배우를 살려 필름화하는 것이다. 배우가 1차적 창조라고 한다면 감독의 역할은 2차적이라고 할 수 있다. 예전에는 1차적 창조자인 배우가 2차적 창조자인 감독보다도 사회적으로 주목을 받았지만, 점점 영화가 진화하면서 감독이 배우와 동등한 위치가 되다 점차 배우 이상의 평가를 받게 되었다.

야구에서도 플레이어는 1차적 활동인 데 비하여 감독은 2차적 활동이다. 명플레이어만큼 감독의 존재가 커진 것도 에디터십에 가까운 기능이 있기 때문이다.

오케스트라는 연주자의 수가 많지만 2차적 창조자인 지휘자 또한 1차적 창조자인 연주자에 뒤지지 않는 높은 평가를 받아왔다. 어떻게 보면 오케스트라 지휘자가 에디터십을 가장 잘 발휘하고 있는지도 모르겠다.

독자를 놀라게 하는 기획

　　　　　편집이 잘 안 된다. 그럴 때, 처음에는 집필자에게 의견을 물어보았다. 선배 편집자의 책을 읽거나 이야기를 듣거나 했지만 별로 도움이 되지는 않았다. 애독자 카드를 옆에 쌓아두고 독자의 목소리를 들은 적도 있지만, 어느 것 하나 도움되는 게 없었다. 도움이 되기는커녕 집필자의 의견이야말로 정말로 위험하다는 사실을 나중에야 알았다. 집필자는 자신이 쓰고 싶은 것들을 가장하여 기획 비슷하게 제안하기도 했다. 경험이 없는 편집자는 그것을 간파할 능력이 없었다. 집필자의 말대로 진행해 실패를 경험했다.

그러나 **아무 관계가 없는, 접하기 힘든 분야의 사람을 만나 이야기를 듣다 보면 생각지도 못한 아이디어가 떠올랐다.** 나는 점점 이것이야말로 작은 세렌디피티라고 생각하게 되었다.

그래서 아직 경험은 별로 없지만 에디터십이라는 이념을 정리해보자는 생각에 되든 안 되든 잡지의 특집 기획으로 내세웠다. 기획을 세우는 것이야말로 에디터십의 최대 난관이었다. 기획에는 조그마한 발견이라도 좋으니 새로운 무언가가 포함되어 있어야 했다. 좋은 안이 나오지 않으면 며칠씩 머리를 싸매는 일이 허다했다.

〈영어청년〉의 반품이 45%에 달했을 무렵, 나는 퇴사를 각오했다. 그리고는 고민 끝에 생각한 에디터십이라는 기획의 배에 올라타 독자를 놀래주기 위해, 그리고 사지 않고는 못 배길 그런 특집 기획을 마련했다. 이 기획이 실패한다면 회사를 그만두겠다고 마음먹었다. 내 나름의 배수의 진이었다.

'학교 문법과 과학 문법'이라는 특집으로 2회에 걸쳐 기획 기사를 실었다. 지금이라면 웃음을 터트릴 만한 내용이지만 50년 전인 당시에는 참신한 아이디어였다.

발행 일주일 만에 매진되었다. 추가 주문도 있었지만

처음부터 인쇄판이 아니라 글자를 조판하여 인쇄한 원판쇄原版刷였기에 이미 글자를 해체한 후라 추가 인쇄를 할 수 없었다. 그래서 그다음 호에서는 1만 2천 부를 발행했다. 이것도 거의 완판이었다. 나의 에디터십이 성과를 낸 것이다.

이 특집으로 독자와 통하는 통로가 생긴 것일까? 이후에는 각별한 노력 없이도 독자가 떨어져 나가는 일은 없었다. 편집자의 자리를 2년간 맡아달라고 했던 것이 어느새 12년 동안이나 이어졌다.

그렇게 나는 마흔이 되었다. 일본 최고의 문학 월간지인 〈분게이슌슈文藝春秋〉를 35세의 나이에 창간한 기쿠치 간菊池寬보다 5년 늦은 나이였다. 서둘러 잡지사를 떠났다. 잡지사를 이렇게 정리하는 것도 내 나름의 에디터십이었다.

그리고는 그동안 생각했던 에디터십에 대한 책을 집필했다. 일본에서뿐만 아니라 어느 나라에서도 에디터십에 대해 정리한 이론은 아직까지 없을 것이다.

11장

모국어가 지배하는
독서의 발견

모국어를 잊어버리다

　　　　나는 일전에 한 번 모국어인 일본어를
잊어버린 적이 있다. 게다가 잊어버린 것도 의식하지 못
했다. 왜 조금도 이상하다고 생각하지 않았는지, 그것부
터가 이상했다.

학창시절, 중학교를 졸업하고 도쿄고등사범학교 영어
과에 입학했다. 1941년, 전쟁이 발발하기 직전의 일이었
다. 그런 시기에 굳이 영어를 전공하겠다는 것은 평범한
일은 아니었다. 주변에서도 나를 차가운 눈으로 바라보
았을 것이다. 왠지 마음이 불편했다. 전쟁이 일어나자 바
로 학교를 자퇴하고는 입시학원에 다니기 시작한 친구

도 있었지만, 시골 촌놈이었던 나는 태연하게까지는 아니더라도 아무 생각 없이 '모처럼 입학한 학교, 이런 일 따위로는 안 그만둬!'라며 태평했다.

그 대신에 예전보다도 더 열심히 영어 공부를 했다. 하숙을 찾다 보면 하숙집 주인아저씨가 "영어를 공부한다고? 혹시 스파이짓 하는 건 아니겠지?"라고 묻기도 했다. 그러면 "일본을 위해 공부하고 있어요"라고 대답했다. 주인아저씨는 "오, 그래? 의심해서 미안하구나"라고 사과하며 하숙을 받아주었다.

공부에 집중하던 어느 날, 갑자기 마구잡이로 징용되었다. 그래서 군수공장에서 기관총 화약통을 만든 적이 있다. 전쟁이 일어났으니 화약통을 만드는 것까지는 이해했다. 그러나 농가에서 벼 베기 등을 한 것은 도저히 납득이 가지 않았다. 단순히 임금을 주지 않아도 되니까 학생들을 동원해 일을 시킨다는 것이 이해되지 않았다.

벼 베기를 한 날에는 밤늦게까지 영어책을 읽었다. 영어를 잘 모르기에 금방 졸음이 몰려왔다. 그래도 재미없는 농가일보다는 보람이 있었다.

전쟁이 끝나자 영문과 학생들은 애매한 상황에 놓였다. 지금까지 세상을 등지고 공부만 했을 뿐인데, 세상의 인식이 바뀌어 '이제부터는 영어의 시대다'라고 외치는 사람이 득실거렸다. 전쟁 중에는 지인들로부터도 차가운 눈길을 받던 영어과 학생이 많았지만, 이렇게 상황이 급변하자 음지에서의 삶이 바뀌게 되었다.

진주군進駐軍 아르바이트는 수입도 좋았다. 게다가 캔이나 담배 같은 것도 받을 수 있었다. 학교는 제쳐두고 일하는 친구들이 많았다.

그런 상황을 지켜보면서 나도 모르는 사이에 애국심 같은 것이 생겼다. 우리가 전쟁이라는 어려운 시기에 영어를 공부한 것은 미국 병사에게 혹사당하기 위함이 아니었다. 일본인으로서 일본을 위해 공부했다. 이러한 뜻을 꺾고 싶지 않았다. 이렇게 생각한 나는 미국식 영어를 멀리하고 영국의 고전 영어를 공부하기로 결심했다.

쓸데없이 참견을 잘 하는 선배의 "너 그런 거 공부해서는 출세 못 한다", "무엇보다도 말이야, 돈이 안 돼" 이런 말에 경멸을 떨칠 수 없었다.

어쨌든 영어를 잘 읽을 수 있게 공부해야겠다고 생각했다. 외출하지 않는 날에는 아침부터 밤 10시, 11시까지 계속해서 영어만 읽었다.

점점 읽는 속도가 빨라졌다. 어느 날은 한 시간에 50

페이지나 읽었다. 이런 속도라면 200페이지 정도의 책은 이틀이면 다 읽을 수 있었다. 학생 기숙사에서 같은 방을 썼던 도쿄대 경제학부 학생이 그렇게 빨리 읽는데 내용을 다 이해하냐고 물었다. 문자 그대로 난독이었지만 제대로 이해해야 할 것들은 이해하고 있었다. 영어 독서력에서는 내가 대부분의 일본인보다 우위에 있을 것이라며 남몰래 우쭐해 했다.

그런 생활을 4~5년 지속했을까?

생각지도 않게 갑자기 월간 잡지를 혼자서 편집하게 되었다. 물론, 그럴 생각이 전혀 없었기에 그야말로 처참히 깨졌다. 어느 정도 각오는 했지만 가장 충격이었던 것은 일본어를 모른다는 사실이었다. 몇 년 동안 쭉 영어만 읽었기에 조금밖에 모르던 일본어조차도 머릿속에서 사라져버렸다.

잡지의 여백을 메우기 위해 짧은 기사를 작성하는 일은 편집에 있어 중요한 업무였는데, 그 기사를 쓰지 못했다. 다섯 줄에서 열 줄 정도의 짧은 문장이었지만 아무리 노력해도 마무리를 할 수가 없었다. 단문이 장문보다 쓰기 힘들다는 것을 알 리가 없었기에 문장을 쓰는데 있어 공포심이 생겼다.

대여섯 줄의 짧은 기사는 쓰기가 특히 더 힘들었다. 빨갛게 교정된 첫 원고를 인쇄소에 넘겼다. 그리고는 원고를 재교정하여 다시 인쇄소로 보냈다. 그러다 보니 인쇄소로부터 크게 혼난 적도 있다.

어쨌든 이제는 일본어를 읽어야 했다. 손에 잡히는 대로 읽었다. 일본어가 영어와는 전혀 다른 언어임을 깨닫자 흥미가 솟았다. 일본어에 대해 저술된 책이 일본어만을 다루고 있는 것은 당연한 일이지만, 외국어를 뒤집어 쓴 사람의 입장에서는 너무나도 표면적이라는 생각이 들었다.

지금까지 영어에 절어 있던 사람으로서는 일본어가 몹시도 신선했다. 영어도 좋지만 일본어는 더 재미있다며, 어찌 보면 당연한 것을 새롭다고 느끼고는 했다.

아일랜드와 콘티넨털형 언어

메이지시대 이후, '일본어는 논리적이
지 않다. 게다가 일본인도 논리적이지 않다'라는 생각이
지식인 사이의 은밀한 콤플렉스였지만, 이를 진지하게
생각한 사람은 좀처럼 없었다.

일본어책과 영어책을 섞어 읽다 보니 이 두 언어가 서
로 다르다는 것이 뼈아플 정도로 다가왔다. 만약 논리
부분이 비슷했다면 그 자체가 이상했겠지? 일본어에는
일본어만의 논리가 있다. 일본어만의 논리가 없으면 안
된다고 생각하게 된 것이 언제부터인지 스스로도 잘 모
르겠지만, 나조차도 생각지 못한 부분에서 느꼈을 것이

다. 우연한 발견(?)이었다고 생각한다.

'어느 나라의 말이든 고유의 논리가 존재한다. 없는 게 이상할 정도로 분명히 있을 것이다. 없다면 말이 통하지 않는다. 세계 공통의 논리를 정해놓고 이와 일치하지 않는 것은 모두 비논리적이라는 것은 사상적 파시즘이다.' 이런 생각을 하면서 일본어의 논리를 다시 고찰해보았다.

일본어는 아일랜드형, 즉 섬나라적 성격을 띠고 있다. 국경에서 타국과 맞닿아 있는 나라인 콘티넨털형과는 대조적이다. 그러다 보니 두 이론이 크게 다른 것은 당연하다고 할 수 있다.

사람이 타인과의 사이에 가지고 있는 심리적인 거리도 아일랜드형 나라에서는 매우 농밀하게 서로에 대해 잘 알고 있는 경우가 많다. 콘티넨털형 사회에서는 상대가 미지의 사람인 경우가 많아 경계할 필요가 있다. 아일랜드형 사회에서는 하나를 들으면 열까지는 몰라도 다섯, 여섯까지는 이해할 수 있는 경우가 많다. 둘, 셋, 넷이라도 차례대로 나열하지 않아도 하나, 다섯, 열 정도로도 충분하다. 하나하나 확인하는 것은 촌스럽다. 집요하다고 할지도 모른다.

콘티넨털형 사회의 말이 라인, 선상線狀의 논리를 가지고 있다고 한다면, 아일랜드형 사회의 말의 논리는 점적点的이라 말할 수 있다.

점点과 점点은 받아들이는 사람에 따라 연결된다. 직선적인 나열의 점과 점은 재미있지 않기에 구불구불한 상태로 점이 될 수도 있다. 콘텍스트(문맥, 전후관계)를 알지 못하는 사람은 글을 읽고 '이해'할 수가 없기에 영문을 모르거나 잘못된 내용으로 받아들인다. 아일랜드형 사회는 그러한 사람을 세상 물정에 어둡다고 말하며 상대하지 않으려고 한다.

세상 물정에 밝은 사람은 드문드문 흩어져 있는 것들을 적절하게 연결하여 말하지 않은 부분의 의미까지도 이해한다. 바로 이러한 점이 언어가 가진 흥미로움이라 할 수 있다.

하이쿠는 이러한 일본어의 논리가 가장 분명하게 드러나는 양식으로, 콘티넨털형 언어에 익숙한 사람에게는 수수께끼처럼 느껴진다. 일본인들도 사람에 따라 점의 결합 방식이 다를 수 있어 같은 의미를 내포하지 않을 수도 있다. 아무리 대학이 배짱 좋다고 해도 입학시험에 하이쿠의 의미를 묻는 문제 따위는 출제하지 않는다. 사람에 따라 해석이 미묘하게 달라질 수 있으며, 각각의 해석 또한 틀리다고 할 수 없기 때문이다.

일본어만 아는 사람은 이러한 부분에까지 생각이 미치지 못할지도 모른다. 외국어에 몰두하여 모국어를 절반 정도 잊어본 사람만이 우연하게 고찰할 수 있는 것으로, 이 역시 일종의 세렌디피티라고 말할 수 있겠다.

'악마'라고 불리던 일본어

벌써 50년도 지난 일이지만 미국의 유력 주간 잡지 〈타임〉이 일본 문화 대특집호를 발행한 적이 있다. 당시 편집장이었던 헨리 루스^{Henry Robinson Luce}는 뛰어난 편집기술을 가지고 있어 독자들이 경의를 표할 정도였다. 나 역시 열혈 독자 중 한 명으로 매 호를 처음부터 끝까지 빠짐없이 다 읽었다.

그런 〈타임〉이 일본 문화 특집을 준비했다는 소식을 듣고 기대에 차 열심히 읽었다. 그런데 너무나 어이없게도 일본어에 대해 무지하다고밖에 말할 수가 없었다. 그렇게 애독하던 〈타임〉이 왜 이런 기사를 실었을까? 실망감을 감추지 못했다. 언어 부분의 타이틀이 하필이면 '악마의 언어'였다. 그들의 언어는 '신의 언어'지만 일본어는 '악마의 언어'라는 말이었다. 원래 이 문구는 〈타임〉에서 시작한 것은 아니었다.

그 옛날, 일본을 처음 방문한 가톨릭 선교사가 일본어 공부가 너무 힘든 나머지 화를 내며 일본어는 '악마의 언어'라고 편지에 써서 로마에 보냈다는 이야기가 있다. 이 이야기가 400년도 더 지난 지금에 와서 미국인의 마음에 들어 부활한 것이다.

나는 정말 이해할 수 없었다. 잘 모르는 언어를 악마라고 부른다는 것은 아무리 심술이라도 해도 지나친 표현이었다.

일본어를 악마라고 부르는 것을 보고 일본인이 가만있을 리 없다고 생각했다. 항의 반론이 나오는 것이 당연했다. 그렇게 항의 반론이 나오기를 기다렸는데, 어찌된 일인지 지금까지 단 한 번도 반대 의견은 나오지 않았다. 일본어를 악마라고 부르는 것을 그대로 두기에는 아무리 생각해도 한심했다. 미국은 그리고 또 전 세계는 일본어를 이상한 언어라고 생각하겠지? 이러한 상황이 너무나도 분하여 나는 일본어를 다시 생각해보기로 했다.

일단, 〈타임〉이 일본어를 악마의 언어라고 부른 근거가 너무나도 빈약했다. 가장 크게 다루었던 부분은 인칭에 관한 부분이었다.

〈타임〉은 일본어에는 제1인칭이 여러 개나 있다며 놀라워했다. 영어권에서는 제1인칭이 하나밖에 없는데 일본어에는 남녀 모두 사용할 수 있는 1인칭 와타시ねたし, 남성형 1인칭 대명사 보쿠ぼく, 그리고 보쿠보다도 더 격없는 사이에 쓸 수 있는 오레おれ 등 몇 가지나 있다. 게다가 더 이상한 점은 몇 가지나 되는 1인칭을 전혀 사용하지 않은 채 말을 하거나 글을 쓰거나 한다는 것이다. 주어가 없는 문장이 너무나도 많다. 그래서 말이나 글을 이해하기 어렵다고 한다.

제2인칭도 몇 가지나 있는 것이 이상하며, 있어도 사용하지 않기에 그것이 더 이상하다는 말이었다.

아마도 〈타임〉의 기자는 일본어 문법에서는 인칭의 범주, 카테고리가 불필요하다는 것을 몰랐던 듯하다. 영어 문법을 흉내 내어 만든 일본 문법에서조차도 인칭의 개념이 모호하다.

영어에서 인칭이 중요한 것은 인칭에 따라 동사가 변하기 때문이다. 그렇지 않은 일본어에서는 인칭이 그다

지 중요하지 않다. 인칭이라는 것은 '나われ'와 '너なんじ' 의 대립을 기본으로 하는 콘티넨털형 언어에서 중요시 된다.

오랜 옛날부터 연극 무대에서는 악행이 일어나도 관 객이 이상하게 여기거나 화를 내거나 하지 않고 재미있 는 듯 지켜봤다. 때때로 악덕한 관리가 풍속을 어지럽힌 다며 연극을 단속했지만, 관객들은 항상 무대에 호의적 이었다. 이는 무대와 객석에는 서로 다른 논리가 작용하 고 있기 때문이다. 배우와 관객은 서로 다른 문맥에 속 해 있어야 한다.

무대 위의 세계를 제1인칭에서 제3인칭의 문맥이라고 한다면 객석은 무대 이외의 제4인칭이라고 말할 수 있다.

연극은 제1인칭, 제2인칭, 제3인칭만으로는 설명할 수 가 없다. 관객이 없는 연극은 연극이라 할 수 없기에 무 대 밖에 있는 제4인칭을 고려할 필요가 있다.

나는 이렇게 제4인칭에 대한 것을 새로이 발견했다. 또한, 이 외에도 시간적인 개념까지 고려해야 하는 제5 인칭도 존재한다는 것을 알게 되었다.

고전을 완성하는 것은 작가 본인이 아니라 제5인칭이 다. 제5인칭은 제4인칭과는 달리 동시적同時的 존재는 아니다. 이 5인칭을 인정하지 않으면 고전이 탄생한 배경을 이해할 수 없다.

〈타임〉지의 오해가 계기가 되기는 했지만, 나는 제4인칭과 제5인칭에 대해 고찰하기 시작했다. 따라서 이 역시 세렌디피티의 하나라고 생각한다.

12장

'고전'이라 불리는
생명력

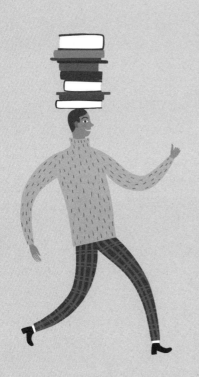

문학사에 대한 수수께끼

　　　　　문학 공부를 목표로 나름대로 어느 정
도 공부했다고 자부하지만, 가장 중요한 문학의 정체는
아무리 공부해도 손에 잡히지 않았다. 지도교수에게 물
어보았지만 아무런 대답을 들을 수 없었다는 이야기는
앞에서도 언급했다.

　문학원론, 문학개론에 관한 책도 이 문제에 대해서는
아무런 도움이 되지 못했다. '먼저 문학의 존재에 대하
여 논하고자 한다'라고 시작하는 책의 저자에게는 문학
이란 명백한 것일 텐데 그런 사람에게 '문학이란 무엇'
인지에 관해 묻는 것 자체가 실례되는 일이었을까? 그

러나 외국 문학을 공부하는 입장에서는 그냥 지나칠 수 없는 문제였다. 다른 사람들은 문학에 대해 제대로 고찰하고 있는 것일까? 이런 의문도 들었지만, 이렇게 옆길로 새어서는 안 된다고 스스로 자숙했다.

문학사에는 고전부터 현대에 이르기까지 연대별로 문학작품이 정리되어 있다.

문학사에 관한 책을 여러 권 병행하여 읽어보았는데, 문학작품에 대한 평가가 각각의 책마다 크게 달랐다. 다른 예를 드는 경우도 있었지만, 모든 문학사 책이 다 맞는 듯하여 오히려 당황스러웠다. 유럽의 문학사에서는 가톨릭적 역사관과 기독교적 역사관이 대립한다. 가톨릭적 문학사에서는 가톨릭 작가의 작품에 대한 칭찬을 아끼지 않지만, 기독교적인 문학사에 대한 평가는 몹시 냉담하다. 양쪽 다 정곡을 찌르고 있지 않다고 한다면 오히려 제3자적 입장의 동양인이 더 올바르게 판단할 수 있을지도 모르겠다.

여러 문학사 책을 찾아 읽다가 이상한 점을 발견했다. 예를 들면, 헤이안시대[794~1185] 문학 중 지금까지 남아 있는 가장 오래된 원문이 헤이안시대가 아니라 가마쿠라시대[1185~1333]부터 전해진 것이다. 헤이안시대의 궁중생활을 묘사한 장편 소설 중 하나인《겐지 이야기源氏物語》가 그렇다. 일본 수필문학의 효시로 알려진《마쿠라노소시枕草子》도 그렇다. 그렇다면 왜 동시대의 원문, 원본이 남아 있지 않은 걸까?

문학사에서는 교토에 큰불이 났을 때 고문서가 소멸했다고 설명하고 있다. 문학을 좋아한다는 사람들은 이 말을 곧이곧대로 받아들인 것일까? 일찍이 이러한 설명에 의심을 한 사람이 없었다거나 적었다는 것이 이상하다. 아무리 큰 화재였다고 하더라도 중요한 것이라면 들고 나왔을 터였다. 모든 원본을 잃어버렸다는 것은 화재로 인한 것이 아니라 가장 무서운 파괴력을 지닌 가치적 혁명 때문이라고 상상하는 편이 더 합리적이겠다. 가마쿠라시대에 이러한 가치적 혁명이 일어나 그때까지의 원본을 모두 없애버렸다. 그 대신 새로운 비전, 원전이 나타나 현재까지 전해지고 있다. 이렇게 생각할 수도 있다.

적어도 화재로 원본이 일제히 타버렸다고 말하는 것보다 사상적인 혁명으로 인해 사라졌다고 하는 편이 좀 더 그럴듯하지 않을까 생각한다. 무엇보다도 큰 화재로 소멸했다는 사실을 믿으려면 화재 이후에 남아 있는 원본이 없어야 했다. 가마쿠라시대에 복원했다고 하더라도 복원할 원본이 있어야 한다. 화재가 일어날 수 있으니 만일에 대비해 일단 복사본을 만들어두었다고도 말하기 어렵다. 분명 화재를 피한 원본이 있었을 테지만 가마쿠라시대에 출간된 신간에 밀려 폐기되었다고 생각하는 편이 타당하며 그럴듯하게 들린다.

고전의 탄생

　　문학 연구 중 특히 문헌학 분야에서는 원문이 작품의 원형을 밝히는 최고의 텍스트다. 문학작품의 변모라는 말은 처음부터 논외의 대상이었다.

　영국 문학에서도 이러한 사례를 살펴볼 수 있다.

　영문학에서 가장 오래된 작품은 《베오울프Beowulf》라고 알려져 있다. 문학사에서는 7세기경의 작품이라고 말하고 있지만 현존하는 가장 오래된 원문은 11세기의 원고(대영박물관 보관)이다. 이는 실제 원고와 현존하는 원고 사이에 400년이라는 공백이 발생한다는 것이다. 그사이에 남아 있는 텍스트가 단 하나도 없다는 말이다. 남아 있는 텍스트가 그것밖에 없다는 것은 어쩔 수 없지만, 간과할 수 없는 문제다. 원작이 나왔을 무렵 영국은 아직 기독교가 그 세력을 넓히지 못했다. 따라서 이교도적이라 받아들여졌을 수도 있다. 그러나 대영박물관의 원고는 완전히 기독교적인 성향을 띠고 있다.

따라서 원작이 그대로 전해진 현존하는 텍스트가 아니라는 사실이 명백해진다. 누가, 언제, 어떻게 했기에 지금과 같은 문장이 되었는지 알 수는 없지만 오리지널 작품과 문학사에 기록된 작품이 다르다는 것만은 인정해야 할 듯하다.

조금 시대를 거슬러 올라가 18세기 작가 조너선 스위프트의 《걸리버 여행기》를 다시 한 번 살펴보자. 지금은 아동 문학의 고전이라 불리지만 작가가 집필 당시부터 아이들을 염두에 두고 쓴 글은 아니었다.

당시 영국 정계는 아주 혼란스러워 정치적 부정, 타락을 묵과할 수 없는 지경에 이르렀다. 그러한 상황에 화가 난 조너선 스위프트는 탄핵을 촉구하는 작품을 집필했다. 정치적 성격이 강했기에 실명으로 출간하면 큰 위험이 따를 것 같았다. 그래서 풍자의 형태를 취했다. 동시대 독자들은 풍자만으로도 작가의 의도를 알 수 있었다. 이를테면 여왕 앞에서 줄타기하는 사람이 누구인지 책을 읽은 사람이라면 누구나 다 알 수 있었다. 책은 꽤 인기가 있었으나, 작가에게 피해가 가는 일은 없었다.

결과적으로는 좋았지만, 풍자라는 것은 권총과 같은 것이다. 가까운 거리에서는 위력을 발휘하지만 먼 거리에서는 총알이 도달하지 못해 무력해진다. 풍자 또한 동시대 사람들에게는 강렬한 효과를 발휘하지만 후세의 새로운 독자에게는 와 닿지 않는다.

《걸리버 여행기》도 19세기가 되자 풍자성이 약해지기 시작했다. 원래의 의미를 이해할 수 없었다. 일반적이라면 그쯤에서 작품의 생명이 끝나겠지만《걸리버 여행기》는 그렇지 않았다.

풍자가 아니라 리얼리즘으로서 작품을 읽는 사람들이 늘어나며 재평가를 받게 되었다. 재평가를 통해 아동 문학으로서도 뛰어나다는 점이 발견되면서 점점 정착하여 세계적인 작품으로 자리 잡았다.

이러한 재평가를 원저자가 기뻐할지 어떨지는 잘 모르겠다. 원래 의도가 아니라고 말할 수도 있고, 기대 이상이라고 기뻐할지도 모르겠다. 어쨌든 현재《걸리버 여행기》가 고전으로 불리고 있는 것이 작자 혼자만의 힘으로 성립된 것은 아니라는 것만은 명확하다. 작자의 작품 의도와 크게 다르게 받아들여졌기에 고전이라 불리게 되었다는 점은 부정할 수 없다.

즉, **고전은 작자 혼자서는 탄생할 수 없으며 후세의 수용에 의해 완성되는 듯하다. 절대적 작가라는 개념은 고전에 관한 한 수정되어야 할 것이다.** 후세 사람들의 눈에 보이지 않는 힘이 더해져 고전이 되거나, 반대로 사라지거나 한다는 것을 인정해야 할 것이다.

'천년을 살아남다'?

　　고전에 대해 막연하게나마 이런저런
생각을 해봤지만 고전이라는 것이 무엇인지 명확하게
정리하지는 못했다.

　수수께끼 같은 이런 상황 속에서 이나가키 다루호稻垣
足穗라는 시인이 발표한 작품 중 '천년을 살아남다千年生き残
る'라고 표현한 문장의 의미가 신문 광고에 실린 것을 보
고는 눈이 번쩍 뜨였다. 아무리 뛰어난 시인이라 할지라
도 이런 말을 할 자격은 없다. 고전은 작가에 의해 탄생
하는 것이 아니라 읽는 사람, 후세의 사람들에 의해 완
성되는 것이다. 시인이 아무리 뛰어난 작품을 썼다고 해

도 스스로 천년의 고전이 된다는 등의 말을 해서는 안 되지 않을까? 그래서 내 나름대로 고전의 원리를 가설로 정리해보았다.

미야자와 겐지宮沢賢治는 전쟁이 끝나고 나서야 이름을 드높인 시인으로 '비에도 지지 않고, 바람에도 지지 않고雨にも負けず風にも負けず……'는 모르는 사람이 없을 정도지만, 작가가 이 시에 대해 그만큼 자신감이 있었는지는 알 수 없다.

이 시는 작가가 살아 있는 동안에 발표된 작품이 아니었다. 작가의 수첩 속에 잠들어 있다가 유고를 정리하던 사람이 발견하여 발표해 점점 유명해졌다. 작가가 정말로 자신감이 있었다면 생전에 발표했을 터였다. 그렇게 생각하지 않았기에 수첩 속에 방치되어 있었을 것이다. 작가가 이 시를 밝은 세상으로 꺼낸 것이 아니기에, **고전을 탄생시켰다는 점에서는 유고를 정리하여 발표한 사람을 제2의 작가라고 말해도 좋지 않을까?** 적어도 고전화한 사람은 시를 발견한 사람이라 할 수 있다. 만약 유고를 발견하여 발표하지 않았다면 이 시는 영원히 어둠 속에 묻혀 있었을 것이다. 대부분의 독자는 이러한 사실을 모른 채 그저 고전이라며 미야자와 겐지의 시를 읽고 있다.

30년 후의 관문

작품이 탄생한다.

작가가 작품을 평가한다. 스스로 잘 썼다고 생각하는 경우도 있을 것이다. 반대로 실패했다고 생각할 때도 있을 것이다. 그러나 작가 자신의 평가는 한쪽으로 치우쳐진다. 객관적이지 못한 것으로, 작자가 본인의 작품을 객관적으로 바라보기란 지극히 어려운 일이다. 자기 생각에서 자유로워질 수 없기 때문이다. 마음먹기에 따라 대상이 왜곡되어 보인다.

운이 좋으면 누군가 서평을 작성해줄 수도 있다. 서평은 제3자에 의한 평가다. 작가의 자기 비평보다는 훨씬 객관적이겠지만, 충분히 객관적으로 판단할 수 있을 만큼 거리가 먼 경우가 드물다. 그래서 동시대의 비평은 대부분 다음 세대에 도달하기 전에 모습을 감춘다. 앞서도 언급했듯, 50여 년 전에 영국 일간지 〈더 타임스〉의 리터러리 서플리먼트가 당시를 기준으로 25년 전의 지면을 그대로 재현한 적이 있다.

25년밖에 지나지 않았는데도 당시의 서평 대부분이 정당성이 결여되어 있었음이 밝혀졌다. 25년이라는 시간조차 동시대 비평을 뛰어넘지 못했던 것이다.

가깝다는 말은 세상사를 바르게 바라보기에는 적합하지 않다. 일반적으로 가까울수록 잘 알고 있다고 믿어버린다. 나는 내 자신이 가장 잘 알고 있다고 생각하지만, 실제로는 제일 모르는 경우가 많다. 가깝기에 잘 알고 있는 듯 생각하지만, 마찬가지로 진실이 보이지 않는다.

서평도 동시대 비평은 너무 가깝기에 잘못 판단하기도 한다. 판단력이 흐려져 사실이 잘 보이지 않는다.

〈더 타임스〉의 리터러리 서플리먼트는 용기 있는 기획으로 25년 전보다 질적으로 변화한 서평을 선보일 수 있었다.

그러나 내 생각으로는 25년은 조금 부족한 듯하다. 30

년 정도 지나야 문화적 상황이 일변한다. 10년이면 강산도 변한다고 하지만, 10년은 그다지 멀지 않다. 20년, 25년도 전 시대의 영향이 남아 있다. 1세대, 즉 30년이 지나면 지적인 풍토가 대부분 완전하게 쇄신된다.

그때까지 살아남아 있다면 새로운 심판을 받는다. 그때까지는 좋은 평가를 받더라도 새로운 기준에는 미치지 못하는 경우도 있는 것처럼 작품의 평가가 크게 변화한다. 더불어 그때까지 남아 있던 많은 작품이 소멸하기도 한다.

이렇듯 30년 후라는 관문을 뛰어넘은 작품이어야만 비로소 고전이라는 영원한 생명을 얻는다. 문학사에 남게되며, 어지간한 일이 아니면 사라지는 일 따위는 없다.

고전이란 그렇게 탄생한다. 즉, **작품 그 자체를 만들어내는 것은 작가지만, 가치나 역사적 평가는 작품, 작자로부터 30년 이상이 지난 후에 결정된다.** 고전은 원작 탄생후 30년 이상이 흐르지 않으면 고전이라 할 수 없다.

문학사를 되돌아봐도 30년 안에 고전이 된 작품은 없다. 헤이안시대의 문학이나 영국의《베오울프》는 고전으로 성립되기까지 몇백 년이나 걸렸다.

아무리 자신감 강한 사람일지라도 자신의 작품이 천

년의 생명을 가진 고전이 된다고 단언할 수는 없다. 고전을 발견하다 보니 생각이 이렇게 정리되었다. 한 시인의 폭언으로 이런 생각을 하게 된 것임을 생각해보면 참 얄궂다고밖에 할 수 없다.

제대로 공부를 하지 않아 다른 나라의 고전 성립설은 어떨지 잘 모르겠지만, 서투르기는 해도 이러한 내 생각들을《고전설古典説》이라는 책에 정리해보았다.

마침 약 30년 전에 출간한《사고 정리학思考の整理学》이라는 책이 일부 사람들을 놀라게 하며 25년 이상 판매되고 있는데, 이것도 고전화 과정을 따라가고 있는 것인지 가끔 생각해보기도 한다.

13장

난담이
두뇌를 깨운다

2045년의 문제

　　자세한 내용은 잘 모르겠지만 '2045년
의 문제'라는 것이 있다고 한다. 2045년이 되면 컴퓨터
가 진화하여 인간의 지능을 뛰어넘는다는 것이다.

　이대로라면 실제로 일어날지도 모르겠다. 사람도 새
로운 무언가를 생각하지 않으면 안 된다. 인지의 진화는
어렵다고 해도 진보 정도는 할 수 있지 않을까?

　지난 300년 동안 인류는 책을 읽으면 현명해진다는
미신에 사로잡혀 있었다. 책을 읽는다는 것은 공부한다
는 것과 동일시되었다. 그래서 이유도 없이, 이유를 알고
있다고 해도 어쨌든 그저 책만 읽었다. 책만 읽어 지식

이 향상되면 그것을 박학다식하다고 말하며 칭찬했다. 교양을 칭찬했다.

왜 이렇게 되었을까?

기계가 동력을 휘둘러 공장에서 사람들을 몰아냈다. 기계의 마력馬力은 인력보다도 강했기에 사람은 일자리를 잃고 기계가 할 수 없는 사무실 업무를 하게 되었다. 그러나 사무일을 하기 위해서는 읽고 쓰고 계산하는 능력이 필요했다. 사회는 사람에게 필요한 것을 가르쳐야겠다고 생각해 학교를 만들었다. 샐러리맨이 등장하여 사무실에서 자신들의 능력을 뽐내기 시작했다. 아무리 뛰어난 기술을 지닌 기계라도 리터러시(읽기) 능력은 없기에 사무실에는 들어올 수 없었다. 샐러리맨은 더욱 으스댔다.

20세기 중반 무렵, 계산 능력이 있는 비즈니스 머신이 등장했다. 즉 사무실에서 일부의 사무 업무를 기계가 대체할 수 있다는 말이었지만, 사람들은 태평하게 기계를 사용하며 일 처리가 빨라졌다고 기뻐했다.

이것이 진화하여 컴퓨터가 되자 무서운 힘을 발휘하기 시작했다. 인간을 압도함은 물론, 인간의 지적 작업을 빼앗고 취업난까지 일으켰다. 이렇게 시간이 흘러

2045년이 되면 인간은 컴퓨터에게 완패한다는 것이 바로 '2045년의 문제'라고 한다.

그렇다고 인간이 손가락만 빨면서 헛되이 시간을 보내다 2045년을 그대로 맞이하지는 않을 것이다. 일단 컴퓨터의 힘에 지지 않을 능력을 개발해야 한다. '어떻게 하면 기계를 상대로 이길 수 있을까?' 이런 생각을 하는 사람도 많겠지만, 지금까지 해온 것을 강화하는 정도밖에 도리가 없는 것도 사실이다.

컴퓨터는 리터러시 능력 일부를 장착해 인간을 바싹 쫓아오고 있다. 아무리 책을 읽어도 인간의 리터러시가 컴퓨터의 능력에는 미치지 못할 것이라는 사실은 이미 밝혀져 있다.

컴퓨터가 당분간 사람을 따라오지 못할 분야는 아마 이야기 분야일 것이다. 혼잣말은 안 되며, 상대방과 이야기하는 것만으로는 충분하지 않다. 소수의 사람과 이야기한다. 그렇다고 가십 따위를 즐기는 것은 아니다. 새로운 가치를 추구하며 담론이 거침없이 터져 나와야 한다.

그러는 동안 담론의 내용이 각자의 머릿속에서 풀 회전하여 즐거운 불꽃을 터트린다. 잘 하면 크고 작은 발명과 발견이 튀어나올지도 모른다. 그러한 사례도 얼마든지 찾아볼 수 있다.

18세기 영국에는 루너 소사이어티The Lunar Society of Birmingham라는 지식 교류를 도모하던 모임이 있었다. 열 명 전후의 구성원이 매월 만월이 되는 밤에 모인다고 하여 '월광회(루너는 달이라는 의미)'라고 이름 붙여졌다.

영국은 산업혁명으로 세계 최고의 자리에 우뚝 섰지만, 그러한 산업혁명을 추진한 새로운 발명, 발견의 대부분이 루너 소사이어티에서 시작되었다.

이 모임을 모방했는지는 잘 모르겠지만, 21세기 미국의 하버드 대학에 총장의 특별 배려로 아카데믹한 모임이 결성되어 눈부신 성과를 올리며 하버드 대학의 이름을 드높였다. 연구회가 아닌 잡담회 성격의 모임이었던 것이 성공의 비결이라 할 수 있겠다.

이렇게 눈부신 선례가 있음에도 불구하고 지적인 이야기 모임은 조금도 널리 퍼지지 않았다. **연구나 공부라고 하면 방에 틀어박혀 책상에 앉아 책을 읽고 무언가를 써야 한다는 고정관념이 그만큼 강력하다는 것일지도 모르겠다.** 이러한 생각은 우리 사회가 아직도 담화를 고도의 지적 활동이라고 상식적으로 받아들이지 못하고 있음을 드러내고 있는 것이다.

듣는 지성이란?

인간의 언어는 원래 읽거나 쓰거나 하는 것이 아니었다.

가장 먼저 말하는 것부터 시작했다.

처음에는 상대방을 고려하지 않고 언어로 발화하는 경우도 있어 이야기라기보다 혼잣말에 가까운 말이었다.

그러다 상대방과 언어를 주고받는 회화가 시작되었다. 말하는 방법 또한 학교에서 배우는 것이 아니라 생활 속에서 자연스럽게 익혔다. 이 단계에서의 언어는 재미있고 즐거우며 두뇌활동을 활발하게 해주는 자연스러운 활동임을 알 수 있다.

그렇기에 리터러시도 가능하게 된 것이다. 리터러시는 소리가 없다. 있다고 해도 2차적이다. 담화와는 두뇌 작용 또한 전혀 다르다. 리터러시는 무엇보다 기억이 영향을 미치기에 기억력이 좋은 사람이 머리도 좋다고 생각했다.

어느 정도 기억하고 있을까? 학교에서는 때때로 시험을 통해 확인했다. 아무리 똑똑해도 잘 잊어버린다면 뒤떨어진 두뇌로 취급받았다. 모두 잊어버리는 것을 두려워해 다양한 책을 널리 읽고 많은 내용을 기억하는 박람강기博覽强記만을 동경했으며, 재미없는 것은 점점 잊어버리는 창조적 두뇌를 열등하다고 생각했다. 근대교육의 맹점이었다.

기억력이 초인적인 컴퓨터가 등장하자 이러한 박람강기의 가치 또한 폭락했지만, **아직도 낡은 사고방식에 사로잡힌 사람들이 많아 기억형 인간이 엘리트라는 옛날 사고에서 벗어나지 못한다.** 어이없게도 사람은 컴퓨터와 경쟁하는 대부분의 분야에서 패배하게 된다. 2045년까지 기다릴 것도 없다.

담화는 두 사람이면 성립한다. 그러나 두 사람으로는 부족하다. '세 사람이 모이면 문수보살의 지혜가 나온다'는 말처럼 두 사람보다는 세 사람인 경우가 더 많은 지혜를 얻을 수 있다. 그러나 세 사람도 부족할 때가 있다. 다섯, 여섯 명이 모여 이야기를 하면 다원적 커뮤니케이션이 가능하게 되며, 어쩌면 최고의 지식인이 등장할 가능성도 커질 것이다. 컴퓨터 몇 대를 가져다 놓은들 컴퓨터가 담화를 할 수는 없다.

일본은 다른 나라에 비해 말을 가볍게 여기는 전통이 강하여, 회화라고 할 것까지도 없이 단순히 말을 주고받는 데 그쳤다. 스피치라는 것도 메이지시대가 되기 전까지는 없었기에 스피치를 나타내는 다른 표현도 없다. 메이지시대가 되어서야 강연이라는 번역어를 만들었지만 연설할 수 있는 일본인이 없었다. 그 후 변론, 웅변 등의 말이 생겨났지만, 담화는 문장에 미치지 못했다.

세 명 이상이 모여 즐겁게 이야기를 주고받을 수는 없었지만, 한 가지 재미있는 예외가 발생했다. 사람들이 모여 서로 시구詩句를 읊다 보니 운문문학 중의 하나인 하이카이 렌가俳諧連歌가 출현한 것이다. 하이카이 렌가가 출현하기 이전에 일본의 정형시인 와카和歌에 유희적인 성격이 가미된 렌가連歌라는 것이 있기는 했지만, 언어의 교향交響이라는 관점에서는 유희적이면서도 골계성이 가미

된 하이카이 렌가에 못 미쳤다고 할 수 있다.

그러나 결국 하이카이 렌가도 문어文語이자 문자의 교향에 불과했다. 담화로 대화의 즐거움을 끌어내는 데 성공한 것은 기쿠치 간이 주관한 〈분게이슌슈〉였다. 좌담회라고 불리다 점점 규모가 커지면서 잡지 등으로 기사화되었다는 점에서 문학적인 성향도 띠고 있다고 말할 수 있다. 일본의 무궁한 역사 속에서도 좌담회 문화는 형성되지 않았다. 형식은 훌륭했지만 화자의 능력에서 결여된 어떤 부분이 있었을 것으로 예측한다. 현재의 좌담회는 지적인 표현양식이라고 할 수 없다. 좀처럼 세계에서 그 유례를 찾아볼 수 없는 새로운 형식임에도 불구하고 새로운 문화를 육성할 수가 없었다. 말의 언어를 하찮게 여기는 일본인의 사고방식 때문일 것이다.

문자언어가 컴퓨터에 침식당하고 있는 것을 보면, 앞으로의 활로는 음성언어—그것도 혼잣말이나 두 사람의 대화가 아니라 여러 사람의 즐거운 담론—를 통해 새로운 착상으로 연결될 것이다. 잡담이야말로 가장 권장할 만한 두뇌 훈련이다.

문자를 눈으로 읽어 익힌 지식 외에도 귀와 입을 통한 말하고 듣는 지성이 있다는 것을 우리는 몰랐다. 또 모른다는

사실이 얼마나 큰 손실인지조차도 서로 잘 알지 못했다.

중국인은 그 옛날 귀가 눈보다도 고도의 지성을 향상시킬 수 있다는 것을 알고 있던 듯하다. '총명聰明'의 총聰은 귀의 현명함을, 명明은 눈의 현명함을 뜻하는데 명한 것보다는 총함을, 즉 귀를 더 중요시했다. 이 말이 일본에 유입되면서 일본인은 귀를 가볍게 여기고 귀로 하는 공부를 귀동냥이라 말하며 얕보았다.

수다의 지적 창조성

나는 우연히도 젊은 시절, 수다의 지적 창조성에 관심을 가진 적이 있다.

학교를 졸업하고 처음 취직한 직장은 재미있지 않았다. 이래서야 아무 쓸모 없는 사람이 되는 것은 아닌지 스스로 불안해하고 있을 무렵, 다른 과목 동료가 격려하며 말을 건넸다.

"연구 모임을 하는 건 어때요? 둘이서는 좀 그러니, 한 사람 더 모아서 말이에요."

그렇게 서로 잘 알고 있는 친구(그것도 전공이 다른)도 참여시켜 '삼인회三人会'라는 잡학 잡담회를 열었다.

서로의 궁금증을 긁어줄 수 있는 사이로 우리는 매달 일요일에 한 번, 세 명의 집을 번갈아가며 모임을 했다. 아침 10시 정도에 시작하여 점심을 먹고 저녁에 끝났는데, 이야기가 너무 흥미진진해 말 그대로 시간 가는 줄 몰랐다. 저녁을 먹고 9시 정도까지 이야기를 나눴다. 재미있다 보니 조금도 지치지 않았다.

가벼운 마음으로 시작한 삼인회는 각자 서로를 지탱하는 존재가 되어 40년 가깝게 지속하였다. 구성원 한 명이 건강이 나빠졌고, 또 한 명의 구성원이 세상을 떠났다. 그렇게 삼인회는 사라졌다.

두 사람 중 한 명은 일본 문학, 또 다른 한 명은 중국 문학, 나는 영문학을 공부했다. 일본·중국·서양和漢洋의 세 양식이 결합하니 천하무적이라는 등의 말을 하며 거들먹거리기도 했다.

서로의 이야기에 열중하는 동안 서로 다른 말이 각자의 마음속에 있는 무언가를 건드리며 새로운 생각이 창출되는 경우도 있었다.

적어도 내가 외국 문학이라는 독서 중심의 공부를 하면서도 그나마 흉내 내기에서 어느 정도 빠져나올 수 있었던 것은 전적으로 삼인회 덕분이었다. 물론 내가 일본

문학이나 중국 문학의 세세한 부분까지는 알 리가 없다. 그래도 이야기의 사소한 부분 하나하나가 내 마음속에서 작은 세렌디피티를 일으켰을 것이다. 저절로 오리지널적인 사고가 부상했다. 흉내 내기를 버리고 일본인밖에 할 수 없는 외국 문학, 문화에 대한 고찰을 어느 정도 할 수 있을 것 같은 기분이 들었다.

서로의 전문 분야가 다르면 시답지 않은 경쟁의식에 사로잡힐 염려가 없다. 호랑이 없는 골에 토끼가 왕 노릇 한다고 무럭무럭 생각한 것들을 자유롭게 모두 털어놓았다. 이야기가 진행되면 그때까지는 생각하지 못했던 것이 툭 튀어나왔다.

20세기 초, 영국에는 토머스 흄Thomas Ernest Hulme이라는 뛰어난 인재가 있었다. 어린 나이에 일찍부터 이름이 알려졌지만, 저서 하나 없이 제1차 세계대전 당시 전사했다. 그의 재능을 안타까워한 친구 허버트 리드Herbart Read가 유품 메모를 정리하여 편집한 후《성찰Speculations》이라는 제목으로 출판했다. 나의 독단적인 생각일지도 모르겠지만, 영국사람 중 가장 창조적인, 날카로운 발상을 한 사람은 바로 흄이 아니었을까?

흄은 클럽이나 살롱과 같은 것을 설립하여 담화나 의

논이 활발하게 이루어질 수 있도록 하였으며, 사고나 아이디어 제안에도 거침이 없었다고 한다. 스스로 생각해도 놀랄 정도의 착상이 입을 통해 밖으로 나오면 흄은 주머니 속에 들어 있던 엽서 크기의 종이 한쪽에 빠짐없이 적어넣었다. 나중에 유고집이 나올 수 있었던 것도 이 카드가 있었던 덕분이다.

나는 흄에게 크게 감동했지만, 그 무렵의 삼인회와는 연결하지 못했다. 시간이 한참 지나서야 말의 활력이라는 관점에서 작게나마 서로 연결되는 점이 있다는 것을 알았다. 즉, 잡담·난담雜談의 즐거움, 위력을 뒤늦게나마 깨달은 것이다. 잡담은 난독 이상으로 유익하다는 생각을 진지하게 하게 되었다.

삼인회가 사라지고 나서 새로운 난담회를 만들어야겠다고 생각했다. 전문 분야가 서로 다른 사람이 모인다는 것이 생각보다 쉽지 않음은 알았지만, 다행히도 어찌어찌하여 모임이 결성되었다. '하나로는 너무 많은 듯ひとつでは多すぎる(하나가 모든 것을 가린다는 의미—옮긴이)'하여 두 개를 결성했다. 두 개도 부족한 듯하여 세 개, 네 개를 결성해 점점 활기를 띠게 되었다. 모임에서 만나는 대부분의 사람은 어느 정도 나이가 들어 만나는 새로운 친구이

다. 너무 오래된 친구와는 이야기의 범위도 줄어드는 경
향이 있다.

지력을 깨우는
난담의 힘

나이가 들어서 하는 난담은 젊은 시절에는 알지 못하는 장점이 있다.

기분이 젊어진다는 것이다. 나이를 잊는다는 것이다. 저절로 건강해진다.

조금 기분이 처진다고 느껴도 대담 모임에 나가면 이야기하는 동안에 기분이 회복된다. 이야기에 열중하다 보면 어느새 기분이 좋지 않았던 사실을 잊는다. 꼭 다른 사람인 것처럼 집으로 돌아오는 발걸음도 가벼워진다. 아직 좀 더 할 수 있다는 자신감도 솟구친다.

노인들을 괴롭히는 보이지 않는 적에는 스트레스가

있다. 현대 의학은 아직 스트레스에 대해 충분히 알지 못하는 듯, 스트레스성 질환에는 별다른 방도가 없는 것 같다. 나이에 상관없이 고통받는 요통도 대부분은 스트레스성이라는 말이 있지만, 별다른 치료법은 없다. 스트레스성 당뇨병도 증가하고 있다고 한다.

노화도 스트레스가 원인인 경우가 적지 않다. 약도 치료법도 없지만, 담화의 스트레스 해소력이 노화를 멈추고 안티 에이징에도 훨씬 더 도움이 되기에 효과적인 방법이라고 생각한다.

담화의 효과는 노쇠를 억제하는 것 외에도 다양하다. 젊은 시절에는 생각지도 못했던 두뇌의 활동이 촉진되어 다시 젊어진다는 것도 이제는 낡은 생각이다. 제대로 효과를 발휘한다면, 젊어지는 것에서 그치지 않고 젊은 시절에 갖지 못했던 지력, 기력, 정신력을 신장하여 이전과는 다른 활력이 넘치는, 그런 생활을 영위할 수 있다. 그러한 고령자가 늘면 늘수록 고령화 사회를 두려워할 필요가 없다.

사회복지 차원에서도 만담, 담화에 의한 정신의 활성화는 제일 흥미로운 방책이 아닐까?

14장

기억만큼
망각도 중요하다

지적 메타볼릭 증후군

약 20년 정도 전의 일이다. 흔히 말하는 통속적인 건강서를 읽었다. 그다지 재미있지는 않았지만 메타볼릭 증후군이라는 새로운 말을 알게 되었다. 메타볼릭 증후군이란, 지방이 내장에 축적되어 일어나는 비만으로 건강상에 여러 가지 리스크를 동반한다는 것이었다. 이런 분야에는 문외한이었기에 책을 읽은 지 얼마 지나지 않아 잊어버렸다. 읽은 책의 제목도 기억하지 못했다.

그러던 어느 날, 머릿속이 지식으로 가득 찬 사람이 마치 어떤 것에 대해 생각하는 힘을 잃어버린 듯, 나쁘게 말하면 '전문 바보'라 불리는 것은 왜인지 그 이유에 대해 생각하고 있던 찰나, 갑자기 잊고 있던 메타볼릭 증후군이라는 말이 떠올랐다.

'맞아! 두뇌도 이와 비슷한 현상이 일어나는 거야. 너무 많은 지식을 투입해 지식을 다 사용하지도 못한 채 두뇌에 축적해두면 지적 메타볼릭 증후군이 되는 것은 아닐까?'

지식은 유용한 것이지만, 소화하지 못한 지식을 언제까지나 끌어안고 있다면 두뇌는 제대로 활동하지 못해 비만이 될 우려가 있다.

지식의 양이 적고 지식의 이용 또한 활발하다면 다른 지식이 축적되어도 병적인 상태가 되지는 않겠지만, 지식이나 정보가 넘쳐흐르는데 또 그것을 부지런히 섭취한다면 소비되지 못한 지식은 축적되어 두뇌 건강을 해칠 수 있다.

즉, 신체의 메타볼릭 증후군과 비슷한 현상이 두뇌에서도 일어날 수 있는 것이다. 메타볼릭 증후군은 20세기 말쯤 주목받기 시작한 새로운 질병이지만 지적 메타볼릭 증후군에 대해 주목하는 사람은 아직 없는 듯하다. 메타볼릭 증후군을 계기로 지적 메타볼릭 증후군에 대해 생각하게 된 것도 어떻게 보면 세렌디피티가 일어난 것이라 할 수 있다. 적어도 나 스스로는 그렇게 생각한다.

다만, 단순히 지적 메타볼릭 증후군이 좋지 않다고 말하는 것은 무책임할 것이다. 어떻게 하면 그렇게 되지 않을지 이리저리 생각해보았다. 의학 분야에서는 메타볼릭 증후군이 되지 않도록 산책을 권하고 있는 듯하지만, 지적 메타볼릭 증후군은 산책만으로는 대처할 수 없다는 생각에 미치자 갑자기 망각이라는 단어가 떠올랐다.

아무리 습득하는 지식이 많아진다고 해도 그만큼 점점 잊어버린다면 과잉이 될 걱정이 없다. 이때부터 망각이 중요한 역할을 할 수 있음에 주목했다. 망각이 활발하면 지식이 과잉될 우려가 없다. 그러나 망각이 잘 작용하지 않으면 섭취하는 지식이 그다지 많지 않더라도 잉여 지식이 축적되어 두뇌활동을 방해할 우려가 있다. **잘 잊어버린다는 것은 두뇌활동을 지탱하는 중요한 작용이라고 생각했다.**

자연 망각이 필요한 이유

지식 습득에 있어 망각이 중요하다는 생각이 상식적이지 않다는 것은 잘 알고 있다. 이 문제를 어떻게 해결할 수 있을까?

우리는 어린 시절부터 잊어버려서는 안 된다고 강요받아왔다. 숙제 등을 잊으면 학교에서 혼이 났다. 때로는 준비물을 잊고 등교해 다시 집에 가지러 갔던 적도 있다. 수업시간에 배운 내용은 모두 기억해야 했다. 잊어버리지는 않았는지 확인하기 위해 시험을 쳤다. 잘 잊어버리는 사람은 점수가 낮았다. 머리가 좋다는 것은 잊어버리지 않고 잘 기억한다는 것이었다. 그렇게 단정 지었다.

가령, 지식을 먹는 활동에 비유해보면 망각은 소화, 배설에 해당한다. 음식을 먹어 소화하고 흡수한다. 불필요한 찌꺼기는 체외로 배출한다. 먹을 만큼 먹었는데 소화도 배출도 하지 않는다면 더부룩한 상태가 지속되며 배설물 덩어리가 체내에 쌓여 위험하다. 배설물 덩어리는 변비가 되니 어떻게든 해결을 하려 하겠지만, 지적 메타볼릭 증후군에 의한 배설물 덩어리는 아무런 증상이 없기에 무심코 간과해버리기 쉽다.

그러지 않도록 자연의 섭리로서 소화하고 배출하게 되어 있는 것이다. 그것이 바로 망각이라고 생각한다. 자연의 섭리라고 말한 것은 그만큼 중요한 역할을 개인의 노력 등에 맡기는 것은 위험하기 때문이다. 소화하고 배출하는 것을 잊어버린다면 큰일이다. 그렇게 되지 않도록 자연 망각이 존재한다. 특별히 잊기 위해 노력하지 않아도 저절로 잊어버린다. 여기에는 강약의 개인차가 있는데, 망각의 힘이 강한 사람은 백지장처럼 잊어버릴 수 있는 데 반해 자연 망각이 약한 사람은 기억하지 않아도 좋은 것까지 기억한다. 우리는 지금까지 잘 잊지 못하는 사람들을 우수하다고 생각해왔다.

자연 망각에서 가장 중요한 것은 수면 중에 일어나는

망각으로, 이는 렘수면이라고 불리는 수면시간 동안에 일어난다고 한다. 보통 하룻밤 동안 렘수면은 몇 차례 일어난다. 이 렘수면 동안에 유용하다고 여겨지는 정보, 지식 중 당장 필요하지 않은 정보라고 생각되는 것을 구별하고 분류하여 폐기하거나 망각시킨다. 두뇌의 쓰레기 청소 같은 것이라 할 수 있다. **아침에 눈을 떴을 때 기분이 상쾌한 것은 두뇌의 쓰레기를 버려 머릿속이 깨끗해졌기 때문이다.**

이러한 활동이 매일 밤, 자동으로 이뤄진다는 점이 놀랍다. 아무 노력 없이 저절로 잊어버릴 수 있다는 점에 감사함을 느껴야 하겠지만, 저절로 일어나는 현상이기에 당연하다고 생각하며 무시한다. 그래서 망각의 효용에 대해서는 아는 사람이 별로 없어, 노력이 필요한 기억에만 감사함을 표현한다.

사람의 사활이 걸린 신체의 활동은 대부분 자연의 섭리처럼 여겨진다. 호흡, 혈액 순환, 수면 등 모두 자연히 일어나는 활동으로, 특별한 자각적 노력이 필요하지는 않다. 그렇기에 이러한 활동에 대한 감사함을 잊어버린다. 망각도 그중 하나라고 할 수 있다. 완전히 잊어버릴 수 없다면 인간은 살아갈 수 없을 것이다. 이러한 것들을 잊어버릴 수 있는 것은 모두 망각 덕분이다.

자연스러운 생활, 격심한 변화를 겪지 않는 삶은 렘수면을 중심으로 한 자연 망각으로 충분하게 두뇌를 정리할 수 있지만, 자극이 많고 바쁜 생활에 쫓기고 있다면 자연 망각만으로는 다 잊어버리지 못하고 남아 있는 것들이 있다. 이러한 것들이 발산되지 않고 축적되면 두뇌의 움직임이 활발하지 못하고 답답한 기분이 드는 것이다. 권태를 느끼며 피로가 쌓이고 의욕이 감퇴한다.

까다로운 문제들이 산재해 있는 회의 등도 일정 시간을 지속하다 보면 심리적 압박이 높아져 활기를 잃어버린다. 그래서 휴식을 취한다. 이를 외국에서는 커피 브레이크coffee break라고 한다. 이때 회의에 대한 것은 잠시 잊고 각자의 기분을 전환하여 새롭게 생각하거나 의논할 수 있도록 분위기를 쇄신한다.

이리저리 돌아다니는 것도 효과가 있다. 학교에는 쉬는 시간이 있다. 보통의 초등학생, 중학생이라면 밖에 나가 뛰어놀고 싶어 한다. 공부벌레는 교실에 남아 노트 정리 같은 것을 하면서 우쭐거리지만, 어찌 보면 생각이 짧다고 할 수 있다. 쉬는 시간까지 공부하면 두뇌는 공부한 내용으로 가득 찬다. 다음 시간의 수업이 제대로 머릿속에 들어올 리가 없다. 그뿐만 아니라 이유도 없이 우울해질 수도 있다. 밖에서 이리 뛰고 저리 뛰다 보면 전 시간의 수업 내용을 잠시 잊어버리고 활기찬 상태가 된다. 전 시간의 수업 내용을 절반 정도 잊는다고 해도 괜찮다. 오히려 다음 시간의 수업이 머릿속에 술술 들어온다.

운동을 하면서 공부까지 하기는 힘들다는 사람이 많지만, 운동하면서 공부도 잘하는 문무를 겸비한 아이들도 있다. 운동 연습으로 공부할 시간은 별로 없지만, 공부만 하는 학생들보다 학업 성적이 더 좋은 예도 있다. 아마 운동을 통해 두뇌를 청소하기 때문일 것이다.

육상선수이면서 성적도 꽤 좋은 대학생이 있었다. 학과 성적을 좀 더 올리기 위해 운동을 멈췄다. 그러자 결과는 예상을 빗나갔다. 운동 연습으로 바빴을 때보다 더 성적이 떨어졌다. 그 학생은 결국 다시 육상 연습을 시작했고 성적도 제자리를 찾았다고 한다. 이 또한 운동이 망각을 통해 학습 효과를 높인 사례라고 볼 수 있지 않을까?

잠을 자지 않고 쉬지도 않는 것이 굉장한 일처럼 보이겠지만, 피곤이 몰려오고 성과 또한 그다지 좋지도 않은 경우가 많다. **잊을 시간이 없기 때문이다.**

막상 잊으려고 하면 좀처럼 잊지 못하는 경우도 있다. 특히 재미가 없거나 싫은 일 등은 조금이라도 빨리 잊어버리고 싶은 생각이 드는 것이 인지상정이다. 그러나 공교롭게도 머릿속에 단단히 들러붙어 잊히지 않는다. 잊으려고 노력한 끝에 찾은 것이라고는 홧김에 마시는 술이다. 곤드레만드레 술에 취하면 그토록 싫은 기억도 말끔히 잊을 수 있다. 몸에는 좋지 않은 홧술이지만 심리적으로는 백약에 버금간다. 이를 제일 처음 발견한 사람은 정말로 인간에 대해 정통한 사람이겠구나, 하는 생각이 든다.

새로운 망각의 권유

20세기에 들어와 인류는 그때까지는 몰랐던 새로운 '적'을 만났다. 바로 스트레스이다. 스트레스는 심리적 피로, 긴장, 고통 등의 자극 때문에 일어난다. 일시적이 아니라 지속해서 생체를 압박하여 발생한다고 알려졌다. 스트레스에 관한 연구가 진행되어 정말 많은 질환이 스트레스로 인해 발병한다는 것을 알게 되었다. 많은 사람이 고통받는 요통, 당뇨병뿐 아니라 암도 스트레스가 원인일 수 있다는 연구가 오래전부터 진행되고 있다.

왜 스트레스가 질환의 원인이 되는지는 아직 알려진

바가 별로 없지만, 해로운 자극이 축적되는 것이 좋지 않다는 것만은 확실하다.

그렇다면 이러한 유해 자극을 빨리 잊어버리고 발산할 수 있다면 유용한 건강법이 될 수 있지 않을까?

정확한 것은 잘 모르겠지만, 사물에 집착하지 않는 깔끔한 성향의 사람에게는 스트레스가 원인이 되는 질환이 잘 발병하지 않는 듯하다. 그러므로 빨리빨리 잊어버릴수록 건강에 이롭다고 생각할 수 있겠다.

또 머릿속을 깨끗하게 정리하여 두뇌가 작동하기 쉽게 만들면 망각은 기억 이상의 역할을 수행할 수도 있다. **인간은 지식으로 현명해질 수도 있지만, 망각을 통해 지식으로는 불가능한 사고를 활발하게 작용시킬 수도 있다.** 이러한 점에서 지식 이상의 힘을 가지고 있다고 볼 수 있다. 지금까지는 부정적이었던 망각과는 달리 이러한 창조적 망각을 새로운 망각으로 분류해보자. 앞으로 이 새로운 망각이 점점 더 큰 힘을 발휘할 것이다.

이러한 새로운 망각도 세렌디피티에 의한 발견이라고 생각한다.

기억도 신진대사를 한다

앞에서도 이야기했지만, 기억과 망각은 서로 사이가 좋지 않다. 기억력이 좋은 사람은 망각 능력이 약하며, 잘 잊어버리는 사람은 기억하는 힘이 약하다.

'그렇다면 기억과 망각이 힘을 합치면 어떻게 될까?' 이런 생각을 한 적이 있다.

그래서 이번에는 착각에 주목했다.

일반적으로 착각은 기억이 일으키는 실수라고 말할 수 있다. 나 자신을 예로 들어보자.

몇십 년 전에 '하나로는 너무 많다 one is too many'라는 재치 있는 말을 발견하고는 기회가 있을 때마다 인용하고는 했다. 어느 날, 어디에서 인용했냐는 질문을 받아 기억하고 있던 대로 윌라 캐더^{Willa Cather}라는 미국 여성 작가의 《나의 안토니아^{My Antonia}》라는 책이라고 대답했다. 그 후에도 계속 그렇게 생각했다.

일전에 집필한 책에도 이 구절을 인용하여 캐더라는 작가의 《나의 안토니아》라고 출처를 밝혔다. 그런데 어느 날 편집자가 확인해본 결과, 《나의 안토니아》라는 작품이 아니라 캐더의 《헤매는 부인^{A Lost Lady}》이라는 소설에 나온 말이었다. 내가 잘못 기억한 것이다. 정말 창피했다. 그래서 왜 이런 착오를 일으켰는지 생각해보았다. 그러자 뜻밖의 사실을 발견했다.

기억이 신진대사를 한다는 것이다.

기억은 망각의 힘을 빌려 신진대사를 일으켜 재생하는 듯하다.

기억은 그대로 저장되는 것이 아니라 망각으로 변화한다. 그리고 완전히 망각되지 않은 것들은 재생된다. 그 기억도 시간이 지나면 또다시 망각의 선별 검사를 받아 조금씩 변모한다.

이를 반복하는 동안 처음의 기억이 크게 또는 작게 변형된다. 또한, 변형되는 과정에서 미화되거나 추악하게 바뀌는 경우도 적지 않다. 망각은 기억을 개선(?)하는 작용이 있는 듯하다.

일본 근대문학의 천재 작가인 아쿠타가와 류노스케芥川龍之介의 단편집 《추산도秋山圖》는 명화에 대한 기억을 테마로 하고 있다. 엔카쿠오煙客翁라는 주인공은 젊은 시절에 명화 추산도를 보고 크게 감동했다. 그 후 한 번 더 추산도를 보고 싶다고 갈망했지만 거절당했다. 몇십 년이 흘러 명화의 주인이 바뀌면서 엔카쿠오는 드디어 그림을 다시 만날 수 있었다. 그러나 다시 만난 눈앞의 그림은 기억 속의 그림과는 비교도 할 수 없을 정도로 처참한 작품이었다. 엔카쿠오는 충격을 받았다.

이는 엔카쿠오가 잘못 기억한 것이 아니다. 기억과 망각이 작품을 미화한 것이다. 시간이 지나면 필연적으로 원래의 기억이 사라진다. 그리고 그때마다 미화된다. 결국 실물보다 훨씬 더 아름다운 것으로 기억되어 회상한 모습으로 굳어진다. 환멸은 이러한 기억이 변화하여 망각되고 정화되어 일어난다. 이것이 바로 기억의 신진대사이다.

본래의 모습이 언제까지나 그대로 기억되는 것이 아니라 망각으로 인해 조금씩 변한다. 그냥 변하는 것이 아니라 더욱 좋게 변한다.

고향에 대한 기억은 감미롭다. 그러나 처음부터 그랬던 것은 아니다. 고향을 떠나 시간이 흐르면서 기억은 저절로 희미해진다. 이를 회상하면 그리운 고향이 되어 나타난다. 망각을 빠져나온 기억, 즉 회상은 언제나 달콤하다. 달콤하지 않은 것은 사라진다.

영국의 시인 윌리엄 워즈워스William Wordsworth는 '시는 회상되는 감정에서 솟아난 정서다'라는 말을 남겼는데, 이는 가공되지 않은 정서는 시가 될 수 없다는 의미다. 시간이 흐르면서 망각에 의해 가공되고 수정된 기억이 시가 될 수 있다는 것이다.

전쟁이 끝난 후 하이쿠의 유행은 눈부셨다. 그러나 유행에 비해 눈에 띄는 작품은 별로 없다는 생각이 든다. 지금까지 이야기한 망각 작용을 거부하고 있는 것이 그 이유 중 하나가 아닐까 생각한다.

사람들은 하이쿠를 짓기 위해 끊임없이 교외나 명승지로 나간다. 한동안 새로운 곳을 방문하는 것이 하나의 유행처럼 번져, 자리에 앉아 눈에 띄는 것들을 보고 구句로서 읊었다. 막 눈에 들어온 풍경은 회상할 필요가 없는 생생한 풍경이다. 이것을 구로서 표현하기에는 무리가 있다. 옛날 사람들은 목수는 갓 베어내 덜 마른 나무로는 집을 짓지 않는다고 했다. 건조시킨 목재는 덜 마른 나무와는 달리 안전하다. 마찬가지로, 교외나 명승지를 찾아다니며 눈앞에 보이는 풍경 속에서 좋은 시구를 찾는다는 것 또한 잘못된 생각은 아닐까? 시간이 흘러 기억이 숙성되면 회상 속 서정성을 더 끌어낼 수 있지 않을까?

기억은 원형 보존을 원칙으로 하지만, 기억에서 새로운 것이 탄생할 가능성은 적다. 망각이 더해져야 기억은 지양되고 변형된다. 때로는 소멸하는 경우도 있지만 강렬한 기억은 망각을 빠져나와 재생된다. 단순히 원래의 모습으로 저장되고 유지되는 것이 아니라 망각의 힘으로 창조적인 변화가 함께 일어난다.

이런 과정을 거치면서 아름다움이 더해진다. 그리움이 더해진다. 망각은 일종의 창조이다. 새로운 망각에 대한 사고는 이러한 작용을 놓치지 않는다. 망각은 기억에 대해 파괴적인 면도 가지고 있지만, 일부는 기억을 회상하여 미화시키는 역할도 하고 있다.

아름다운 회상은 기억과 망각의 작용 때문에 일어난다는 점에서 새로운 망각의 미학이라 볼 수 있겠다.

15장

산책하듯 읽는다

나의 두뇌는
걷지 않으면 잠들어버린다

꽤 오래전의 일이다. 옛날에 가르쳤던 학생이 그림을 그려 개인전을 열었다. 개인전에 초대받았기에 일단 참석을 했다. 그리고 돌아오는 길에 그 학생에게 저녁을 사 주었다. 그림에는 관심이 없었기에 그가 작품 한 점을 선물로 주겠다는 것을 거절했다.

잡담을 나누던 중, 내가 매일 산책을 하고 있다고 말하자 무슨 생각을 했는지 아마추어 화가가 산책에 대해 비난하기 시작했다. 그는 목적도 없는 것을 왜 하는지, 무엇을 위해 산책을 하는지 모르겠다며, 그런 산책 따위는 하기 싫기에 자신은 산책을 하지 않는다고 말했다.

듣고 있자니 화가 났다. 게다가 내가 저녁을 대접하고 있는 자리였다. 이 얼마나 기막힌 발언인가! 그렇다면 그는 자신이 무엇을 위해 그림을 그리고 있는지조차 모르고 있다는 말이 아닌가!

이런 말을 주고받다 보니 기분이 대단히 언짢아졌다. 집으로 돌아와 나는 대체 왜 산책을 하게 되었는지 지난 일을 회상해보았다.

그러나 나는 뭐든지 금방 잊어버리는 사람인지라 회상해본들 기억하고 있는 것은 정해져 있다. 나는 본래 산책이란 것을 생각조차 해보지 않았던 일본인이지만, 갑자기 정신을 차려보니 저절로 걷고 있었다는 게 아니라는 것만은 분명하다.

최초의 기억은 영국사람의 이야기였다. 어디에서 읽었는지는 잊어버렸지만, 핵심은 잊어버리지 않았다. 메이지 중기 무렵의 일이었다. 고베에 상륙한 영국인이 멀리 보이는 산을 가리키며 무슨 산인지 물었다. 고베사람은 대답하지 못했지만, 롯코산六甲山인 듯했다. 영국인은 다음 날 롯코산에 올라가 봐야겠다는 말을 해 고베사람을 놀라게 했다. 아무 용건도 없이 롯코산에 올라가는 일본인은 여태껏 아무도 없었기 때문이다. 그처럼 색다른 것을 즐기는 사람은 없었다.

기억하고 있는 또 다른 이야기는 매일 정해진 시간에 산책하는 습관이 있다는 독일 철학자의 이야기다. 이 또한 어디에서 읽었는지는 기억하지 못하지만, 교토의 철학자들 또한 독일 철학자처럼 산책을 즐겼는데, 철학자들이 걸었던 산책로를 '철학의 길'이라고 부른다는 것을 들었다. 아마 철학자들은 산책을 즐기는 듯하다.

그리고 보니 옛날 그리스에서는 학문하는 사람들이 책상에 앉아 책을 읽는 것이 아니라 각자 걸으면서 철학을 논했다는 이야기를 듣고 신선했던 기억이 있다. **공부는 책상에 앉아서 하는 것으로 생각하는 일본인에게 걸으면서 철학을 논한다는 사실이 재미있게 다가왔다.**

그러나 가장 깊게 감명을 받은 것은 몽테뉴의 말이었다. 설레며 읽은 《수상록Essais》에는 '**나의 두뇌는 걷지 않으면 잠들어버린다**'라는 의미의 글이 적혀 있었다.

사고를 하는 데 있어 걷는 것이 얼마나 중요한지를 설명하는 말 중 이보다 더 명확한 표현은 없을 것이다. 이처럼 내가 산책에 눈뜰 수 있게 해준 사람이 바로 몽테뉴다.

우선 내 주변 사람들에게 산책을 권했다. 선배에게 산책하지 않으면 지성인이라 할 수 없다며 큰소리를 쳤다.

그 선배는 집을 신축하여 새로운 곳으로 이사한 후 매일 같이 산책을 했다고 한다. 학교 수업이 없는 날에는 정오가 좀 지난 무렵 학교 근처를 걸었는데, 그렇게 얼마가 지나자 이웃집에서 선배의 아내에게 "이렇게 젊은 나이에 집도 장만했는데, 참 힘들겠어요"라는 말을 했다고 한다. 그 말의 의미가 집도 장만했는데 남편이 직업도 없이 어슬렁거리고 있으니 살림살이가 참 힘들겠다는 동정 반 걱정 반이라는 것을 알고는 부부가 함께 얼굴을 맞대고 웃었다고 한다. 그 선배는 사람들이 실직자라고 생각한 것이 재미있다는 듯 말했지만, 이렇듯 바로 얼마 전까지만 해도 산책 같은 것은 제대로 된 사람이 하는 게 아니라는 생각이 팽배했다.

산책 예찬

　　내가 서른 살이 되었을 무렵, 우연히 집 주위를 걷기 시작했지만 그때까지만 해도 그것이 산책이라고는 생각하지 않았다.

　글로 표현해보면 정체 상태에 빠졌다고 할 수 있다. 아무리 고민해도 좋은 생각이 떠오르지 않았다. 그럴 때, 밤늦게라도 과감하게 밖으로 나갔다. **잠깐 집 근처를 걸었다. 그리고 돌아와 책상 앞에 앉으면 조금 전까지는 넘어가지 못했던 부분이 어떻게든 극복되었다.** 이런 경험을 몇 번인가 하고 나서야 산책이 두뇌활동을 돕는 듯하여 일이 잘 풀리지 않으면 일단 걸었다. 어디서 읽은 것인지 기억나지는 않지만, '걸으면 해결된다solvitur ambulando' 라는 라틴어의 한 구절을 보고 내 뜻과 같아 만족했던 기억도 있다.

그 무렵의 나는 허약하여 항상 몸 상태가 좋지 않아 일을 쉬었다. 중학생 때 운동선수였던 것이 거짓말 같았다. 아무래도 운동 부족이 원인이라는 생각이 들었지만 다른 사람들처럼 골프나 테니스를 할 생각조차도 하지 않았다.

걷는 것 정도는 할 수 있었다. 10분이나 20분 정도로는 운동 효과가 없을 것 같았다. 그래서 한 시간 정도 걷기로 했다. 눈에 띌 정도의 효과는 없었지만 걷고 난 후에는 기분도 상쾌해지고 온 세상이 밝아진 듯한 기분이 들었다.

그 무렵, 당뇨병에 근접한 그레이 존grey zone이라는 진단을 받고 풀 죽어 있는 동료가 있어 위로하고 격려할 생각으로 "당뇨병 정도는 산책을 하면 싹 없어집니다" 라고 말했다. 아무런 근거도 없이 왜 그런 말을 했는지 스스로도 잘 모르겠지만, 그런 말을 한 것도 어느새 잊어버렸다.

1년 정도 지나 그 동료로부터 "덕분에 당뇨병은 걱정

안 해도 된다는 진단을 받았어요. 도야마 씨 덕분입니다. 고마워요"라는 인사를 받아 당황했다. 그는 성실한 사람이어서 내가 반쯤 무책임하게 한 말을 진심으로 받아들여 매일 열심히 산책했다고 한다. 1년 정도 지나자 효과가 나타났다는 것이다.

그 이야기를 듣고 나는 다시 한 번 산책이 건강에 좋다는 사실에 수긍했다. 두뇌 작용에 도움이 된다는 것은 앞서 이야기했지만, 신체에도 좋은 효과가 있다는 것을 안 후에는 산책에 대한 신앙 비슷한 무언가가 생겼다. 산책의 재발견이었다.

그로부터 시간이 흘러 의사들이 산책을 권하자 유행을 좇는 사람들이 만보기를 달고는 득의양양하게 걸었다. 한때는 인사 대신에 "오늘 몇 보 걸으셨나요?"라고 묻는 사람도 있었다.

나는 만보기에는 눈길도 주지 않고 매일 1만 2천 보 정도를 목표로 자유롭게 걸었다. 나이가 들면서 산책을 좀 줄이기는 했지만 지금도 8천 보 이상은 걷는다. 80세를 넘으면서부터는 이전보다 훨씬 더 산책의 효과를 느끼고 있다.

병원에서 매월 정기검진으로 혈액검사를 받고 있다.

70대에는 혈액검사 항목 중 높다(H)거나 낮다(L)는 항목이 대여섯 개 있었지만, 80세가 지나자 점점 좋아져 90세가 되면서는 모든 항목이 'OK'라는 검사 결과가 나왔다. 47개 항목 전체가 깨끗했다. "그 연세에 정말 대단하세요"라고 주치의로부터 칭찬받아 기분이 좋았다. 모든 것이 산책 덕분이라고는 말할 수는 없어도 산책이 없었다면 이런 결과는 나오지 않았을 것이다.

새로운 사고를 추구하다

두뇌 작용에 있어 산책은 훨씬 더 큰 효과를 발휘한다고 생각한다.

어린 시절부터 공부란 책상에 앉아서 하는 것으로 생각해 매일 열 시간 정도 책을 읽는 생활을 오랫동안 지속했다. 그에 따라 지식은 늘었겠지만, 지식이 향상된다는 것이 그다지 재미있지 않았다.

사람의 두뇌는 지식을 기억하기 위한 것뿐만 아니라 새로운 것을 창출하는 것이 중요한 작용이라고 생각했다. 그러나 어떻게 하면 새로운 생각을 끌어낼 수 있을까? 책을 읽는 것만으로는 부족했다. 오히려 책을 너무 많이 읽어 지식 바보가 될 우려가 있다는 것을 깨닫고 스스로도 놀랐다.

어떻게 하면 사고가 가능해질까?

누구도 알려주지 않았다. 책에도 없었다. 스스로 발견하는 수밖에 없었다.

산책에 대해 다시 생각하기 시작했다. **몸을 위해서가 아니라 새로운 사고를 하기 위해 책상에 앉아만 있어서는 안 된다.** 밖에 나가 정처 없이 걷다 보면 새로운 아이디어가 떠올랐다. 항상 그랬던 것은 아니지만 다른 것을 하고 있을 때보다 훨씬 더 많은 아이디어가 떠오르는 듯한 기분이 들었다.

산책을 할 때는 메모지와 펜 또는 연필을 들고 나갔다. 언제 아이디어가 떠오를지 모르기 때문이다. 떠오른 착상을 그때 바로 잡아두지 않으면 금방 숨어버린다. 그리고 일단 숨은 이상 아무리 떠올리려고 해도 두 번 다시 떠오르지 않는 경우가 많다.

유럽사람들은 완만한 경사로를 걸어 내려올 때 좋은 착상이 떠오른다는 사람도 있다고 한다. 땀 흘린 뒤가 좋다는 사람도 있다. 자고 일어난 다음이 좋다는 설도 있다.

어쨌든 나는 산책파이므로 모든 것을 산책에 걸어보
겠다.

산책은 두뇌에 리듬을 준다

다리가 리듬감 있게 움직이면 두뇌도 같은 리듬으로 활동하는 듯하다. 막 걷기 시작한 상태에서는 아직 두뇌활동이 활발하지 않아 어제, 오늘의 사소한 일들이 머릿속에서 꿈틀거린다.

어느 정도 걷다 보면 이런 잡념들이 구름이 흘러가듯 사라진다. 30분 정도 지나면 두뇌는 좋은 상태가 된다고 한다.

이때, 아무리 고민해도 해결되지 않고 그대로 남아 있던 문제가 느닷없이 불쑥 나타나 흥미를 끈다.

흥미에 사로잡혀 이런저런 생각을 하다 보면 그때까

지는 관계없던 것이 갑자기 등장한다. 뉴 페이스다. 조심하지 않으면 또 사라져버린다. 메모지를 꺼내 잊지 않도록 적어둔다. 그러나 모처럼 메모를 해두어도 되돌아보지 않는 것이 내 단점으로, 기발한 생각을 얼마나 놓쳤는지는 알 수가 없다.

지식을 습득하기 위해서는 책을 읽는 것이 가장 좋은 방법이지만, 안타깝게도 사고력 향상에 도움을 주는 책이 별로 없다. 오히려 책보다 생각하는 사고력을 키워주는 것이 바로 산책이다.

최근 들어, 산책하는 것처럼 책을 읽는다면 생각지도 못한 발견도 할 수 있을 것 같다는 생각을 했다. 난독처럼 말이다. 난독을 통해 책을 읽는다면 재미있는 아이디어가 샘솟을 것이다.

16장

아침과 함께
깨어나라

밤샘 공부의 배신

어렸을 때부터 쭉 공부란 밤에 하는 것으로 생각했다. 물론 초등학생 때에야 학교 공부 외에 다른 것은 생각하지도 않았기에 낮도 밤도 없다.

중학교에 들어가자 기말시험이 기다리고 있었다. 선생님은 평상시에 공부해두었다면 당황할 일 따위는 없다며 아무렇지도 않게 말하지만, 평상시에 노력했더라도 시험 때까지 모든 수업 내용을 다 기억하지는 못했다. 그러다 보니 시험공부를 따로 해야 했다. 심해지면 시험 전날이 되어서야 부리나케 벼락치기를 했다. 즉, 우리가 흔히 말하는 밤새기 공부를 한 것이다. 체력이 좋은 아이들은 밤을 새웠다. 그러나 밤을 새우면 정작 시험시간에는 머리가 멍해져 점수를 따기는커녕 오히려 점수를 잃기 일쑤였다. 이런 것들을 걱정해주는 사람도 없었을뿐더러 학교도 밤새기 공부의 어리석음을 가르쳐주지 않았다. 밤을 새우느라 두뇌가 활발하게 작용하지 않았던 사람들이 많았을 것으로 생각하지만, 야학 신앙에 현혹되어 반성하는 일도 없었다. 건강에도 좋지 않았지만 누구 하나 주의하는 사람이 없었다. 멋대로였다.

어른들은 저녁 식사를 마치면 밤에도 '야업夜鍋'을 했다. 어쨌든 밤이 가장 바쁜 시간이었다. 밤늦게까지 일하는 일벌레가 많았다.

오랜 세월 동안 사람이 밤에 공부하고 일하게 된 것은 전등이 발명되고 나서부터라고 생각했다. 전등이 발명되어 밤이 길어지고, 밝은 밤 시간이 늘어났다고 생각했다. 그러나 그것은 나의 착각이었다. 전등이 발명되기도 훨씬 전부터 밤에 책 읽는 습관이 있었다고 한다. 야학, 야업은 전등이 발명되었기 때문에 시작된 것이 아니었다. 밤에 공부한다는 사상은 아주 오래전부터 쭉 있었다.

나는 '형설螢雪'이라는 말을 통해 다음과 같이 생각해

보았다. 옛날부터 우리의 선조는 반딧불의 빛[螢], 밤에 하얗게 빛나는 눈의 빛[雪]을 빌려 책을 읽었다. '반딧불의 빛, 눈의 빛'이라는 노래도 있었다. 책을 읽는다는 비생산적인 일을 위해 바쁜 낮 시간을 할애하는 것은 아까운 일이라고 생각했을지도 모르겠다. 지금도 회사에서 일하는 사람들은 낮에 다 못 한 일들을 밤늦게까지 잔업으로 마무리한다.

어느 날 갑자기 '아침 식사 전의 업무'라는 말에 흥미가 생겼다. 매일 야근에 치이는 요즘, '아침 식사 전'이라는 말이 재미있었다. 아침이라는 시간의 가치에 눈뜨기 시작했다는 의미일 것이다.

사전에서 그 뜻을 살펴보면 '아침 식사 전'이란 ① 아침을 먹기 전, ② 아침을 먹기 전에 어떤 일을 마무리하는 것이라고 지극히도 간단하게 설명되어 있다. 다이지린 사전에는 '정말로 쉬운 일'이라고 설명되어 있다.

이러한 의미들을 종합해보면 '아침 식사 전에 간단하게 완료할 수 있는 일'이라는 의미가 된다. 이러한 생각이 맞는지, 왜 아침 식사 전의 일이 간단한 일이 되는지에 대한 설명은 빠져 있다.

아침 식사 전이라는 표현이 쉽게 마무리할 수 있는 일

이라는 의미로 허용된 이유가 있을 것이다. **아침에 일어나 식사하기 전까지가 인간의 두뇌도 신체도 활발하게 활동하는 시간이다.** 피곤하지 않기에 일하는 속도도 빠르다. 까다로운 일들도 재빠르게 처리할 수 있다. 이러한 숨은 의미가 있을 것이다. 즉, 간단한 일을 의미하는 것이 아니라 아침 식사 전의 시간이 능률 높음을 나타내고 있는 것이라고 생각했다. 아마도 아침 시간에 대한 예찬이 숨겨진 본래의 의미일 것이다.

밤에는 어떤 것도
하지 않는다

우연히 중국 문학 전문가와 이야기를 나눌 기회가 있었다. 그때 이런 질문을 받았다.

"왜 조정朝廷이라고 부르는지 아세요?"

물론, 내가 알 턱이 없었다.

모르겠다고 하자 옛 중국의 군주가 정치를 펼친 관청은 아침 해가 뜨는 동시에 열렸다고 한다. 그때부터 조정이라는 이름이 생겨났다고 한다. '아침 식사 전'이라는 말보다도 훨씬 더 명확한 아침 사상이다. '조정'이라는 단어에 감탄하며 다시 한 번 아침 시간의 중요함에 대해 배운 듯했다.

한때 일본에 널리 알려졌던 영국의 역사 소설가 월터 스콧Walter Scott에 관한 재미있는 에피소드가 있다.

꽤 곤란한 일이 생겨 모두 머리를 맞대보아도 도저히 해결책이 보이지 않았다. 모두가 어쩔 줄 모르고 있을 때 월터 스콧이 이렇게 말했다고 한다.

"아니, 뭘 그렇게 끙끙 의기소침해 있습니까? 내일 아침이 되면 저절로 해결책이 떠오를 텐데!"

말버릇처럼 그렇게 말을 했는데, 놀랍게도 정말로 다음 날 아침에 문제가 해결되어 모두가 깜짝 놀랐다고 한다.

월터 스콧은 밤에는 아무리 생각해도 잘 안 되던 일이 아침이 되면 저절로 해결되리라 믿었던 것이다.

독일의 헬름홀츠Helmholtz는 유명한 생리학자이자 물리학자이다. 그의 학문적 업적에 대해서는 잘 모르지만 아직까지 기억하고 있는 에피소드는 하나 있다. 어딘가에서 읽은 내용임이 분명하지만, 책 제목까지는 기억하지 못한다.

헬름홀츠는 아침에 거실에서 논문을 썼다고 한다. '몇 년 몇 월 며칠 아침, 거실에서'라고 기재된 논문이 몇 개 남아 있다고 한다. 철학이라면 또 모를까, 자연과학 논문을 소파에서 쓰다니 정말 드문 일이 아닌가. 이런저런 소문에 휩싸인 것도 무리는 아니다. 아침 식사 전에 쓴 논문이라는 의미였겠지만 후세에 두고두고 전해질 위업을 남겼다.

이렇게 아침 사상에 대한 내 생각이 점점 커지던 어느 날 결정적인 한 마디를 만났다. 기쿠치 간의 문장을 난독할 때였다. '나는 밤에는 한 줄도 쓰지 않는다'는 문장을 만났다. 기쿠치 간은 당대의 한 획을 그었던 인기 작가였다. 일반적으로 작가라 불리는 사람들은 모두 올빼미파로 밤이 되지 않으면 일을 하지 않는 사람들뿐이었다. 그런 사람들만 있는 곳에서 나는 절대로 밤에는 일하지 않겠다고 결심한 것은 대단한 각오라 할 수 있다. 또한, 본인의 각오를 세상에 공언한 것도 굉장한 용기가 필요한 일이기에 나는 크게 감동했다. 지금까지 아침 사상에 대해 여러 가지 이야기를 귀로 듣고 눈으로 보았지만 기쿠치 간의 이 한 구절로 모든 것이 귀결되었구나, 하고 생각했다. **밤에는 공부나 일을 절대로 하지 말아야 겠다고 생각했다. 일찍 잠자리에 들어 아침을 기대하도록 말이다.**

기쿠치 간의 말 한 마디가 나에게 세렌디피티를 일으켰다. 이 우연을 감사하게 생각하고 있다.

월광문화에서 일광문화로

막연한 생각을 하던 어느 날, 내일을 뜻
하는 일본어인 '아시타あした'에는 다음 날 아침朝과 내일明
日이라는 두 가지 의미가 있다는 사실에 흥미를 느꼈다.
왜 오늘 아침이 아니라 내일일까? 이유를 설명해줄 만
한 책을 찾아보고 싶었지만 공교롭게도 그런 책이 없었
다. 사전을 찾아보아도 이와 관련된 내용은 설명되어 있
지 않았다. 설명할 수 없기에 일부러 피하는 것일지도
모른다고 생각했다.

'유우베ゆうべ'라는 일본어에서도 비슷한 현상을 살펴볼
수 있다. 유우베ゆうべ는 저녁때夕べ, 해 질 녘夕方의 의미는

물론 어젯밤昨夜을 나타내는 말이기도 하다. 오늘 밤과 어젯밤을 나타내는 단어의 발음이 같다니 재미있지 않은가? 아무리 옛날 사람들이 만사태평했다고 하더라도 이런 것을 그냥 두고 보지는 않았을 것이다.

흥미로운 점은 영어에서도 똑같은 표현을 살펴볼 수 있다는 것이다. 게다가 좀 더 명확한 형태로 사용되고 있음을 알 수 있었다.

영어에서는 오늘 밤을 나타내는 to-night에 대비되는 말인 오늘 아침을 to-morrow로 말하지는 않는다. to-morrow는 '내일'을 의미한다(morrow는 아침의 의미). 그렇다면 왜 to-morrow가 오늘 아침이 아니라 내일을 나타내는 의미가 된 것일까? 너무나 초보적인 생각이라 정답이라고 자신할 수는 없지만, 옛날 어느 시대에 하루에 대한 시간적인 개념이 변하여 이렇게 불완전(?)하게 표현하게 된 것은 아닐까 추측해보았다. 왜 이런 생각을 하게 되었냐면, 하루가 아침이 아니라 낮 또는 오후에 시작하여 다음 날 오후에 끝난다고 가정하면 to-day와 to-morrow가 다른 날이 된다는 사실을 이해할 수 있다.

즉, to-day(오늘, day는 오후라는 의미), to-night(밤), to-morrow(아침)로 하루를 이루고 있다. 하루의 시작과 끝이 낮에 이루어지는 그런 1일인 것이다(to라는 말은 명사의 제3격을 나타내며 명사를 부사화하는 역할을 하는 것으로 그 자체가 가지는 의미는 없다). 즉, 1일은 낮에 지고 밤에 시작하여 아침을 거쳐 낮에 끝나는 그런 하루였던 것이다.

아무래도 태양력의 영향을 받은 듯하다. 태양력에서는 낮이 저물면 날짜가 바뀐다. 저녁, 해 질 무렵에 하루가 시작한다. 그러니 아침은 그 후에 이어지는 동일한 날이라고 생각했을 것이다. 즉, 낮에 하루가 끝나는 것이다.

이러한 생각이 지금도 남아 있는 것이 바로 크리스마스이브다. 원래 크리스마스이브는 크리스마스 당일을 의미했지만, 하루의 시작이 밤이 되자 '전야'의 의미가 되었다고 한다. 그 증거(?)로 12월 25일 밤에는 크리스마스를 축복하지 않는다.

불교에서는 기일의 전날 밤을 체야逮夜라고 하는데, 크리스마스이브와 마찬가지로 원래는 기일 당일을 가리키는 말이었으나 기일의 날짜가 다음 날로 밀리면서 체야는 전날 밤을 나타내는 말이 되었다.

시간의 주기가 변경됨에 따라 하루의 시작 또한 저녁에서 아침으로 바뀌었지만, 시간의 주기를 표현하는 말들을 간단히 바꿀 수는 없어 조금 혼란을 겪은 것이다.

인간의 생활도 원래는 저녁 밤부터 하루가 시작하는 저녁형이 일반적이었을지도 모르겠다. 아침형 인간은 새로운 스타일에 따라 생겨난 새로운 생활이었을 것이다. **아침부터 하루가 시작하는 생활이 지금도 지속되고 있다는 것은 문화의 지속성을 설명하는 데 있어 주목해야 할 부분이다. 저녁형 인간이 전통적, 아침형 인간이 진보적이었다는 말이다.** 아침형 인간으로의 이행은 지극히 완만한 형태를 보이지만 점점 진행되고 있다고 생각한다.

제멋대로이기는 하지만, 나의 아침형 생활에 대한 발견이 월광月光문화에서 일광日光문화로 전환되는 데 극히 작은 부분이라도 한 장면 보탬이 되었으면 한다.

사람의 일생을 생각해보면 태어나서부터 죽는 순간까지 전 일생이 저녁형 인간인 경우는 좀 드물다. 젊은 시절에는 야근을 해도 별로 힘들지 않았던 사람이 나이가 들면서 밤이 힘들어 서둘러 잠자리에 든다. 그 대신 아침 일찍 눈이 떠져 애를 먹는 사람들이 많아졌다. 심야 방송이 인기가 있다는 것은 어떻게 보면 자연의 섭리에 따른 것인지도 모르겠다.

나 또한 젊은 시절, 저녁형 인간이었던 듯하다. 그렇지만 이렇게 나이가 들기 전에 미리 아침에 대한 중요성을 자각하여 스스로 노력해 아침형 인간이 되었다. 나이 들기를 기다리지 않고 아침 시간의 소중함을 발견한 것은 어떻게 보면 음력에서 양력으로 바뀐 것처럼 이 역시 또 하나의 새로운 발견이라 할 수 있겠다.

두뇌는 아침에 가장 건강하다

밤보다 아침이 좋다.

아침을 중심으로 생활하고자 마음먹자 그때까지는 상관없다고 생각했던 망각이 새로운 의미로 다가왔다. 망각은 밤중에 진행되어 아침에 눈을 떴을 때 거의 완료된다. 아침의 두뇌는 망각으로 청소된 깨끗한 상태다. 하루 중 가장 좋은 상태다. 재미없는 일, 어떻게 되는 상관없는 일, 싫은 일의 대부분이 쓰레기처럼 버려져 상쾌해진다. 새로운 것을 받아들이기에는 최고의 상태다. 하루 중 가장 두뇌의 활동이 활발해지는 아침을 맞이할 수 있는 것은 망각 덕분이라고 생각한다.

망각을 진행하기 위해서는 좋은 수면이 필요하다. 밤늦게까지 잠을 자지 않으면 좋은 수면을 취할 수가 없다. 그래서 아침에 일찍 일어나는 습관을 엄격하게 지키기로 결심했다. TV에 보고 싶은 프로그램이 있어도 포기하고 무조건 밤 9시가 되면 잠자리에 들었다.

가족은 불평을 했지만 불쌍한 내 머리를 위해서, 나아가서는 내 건강을 위해서라고 말하며 일찍 잠자리에 들었다.

그렇게 하여 진짜로 두뇌가 좋아졌는지 어떤지는 잘 모르겠지만, 건강은 좋아진 듯하다. 앞서 산책에 대한 예찬을 할 때도 이야기했듯이, 20년 전부터 정기적으로 받아온 건강검진, 혈액검사의 결과가 높고 낮음이 섞여 있던 것이 도리어 90세가 되어 모두 좋음으로 나와 주치의도 놀라워했다. 이는 산책뿐 아니라 아침에 일찍 일어나는 것과 망각의 작용이 건강에 도움이 된 것이라고 멋대로 생각한다. 그 이유는 일찍 자고 일찍 일어나는 생활습관과 함께 높고 낮음이 섞여 있던 검사 항목들이 점차 줄어들었기 때문이다.

따라서 산책도 아침에 하기로 마음먹었다. 산책은 수십 년 전부터 하고 있지만 걷는 것에만 중점을 두었을

뿐, 산책하는 시간은 그때그때 달랐다.

점심시간이나 근무가 없는 날에 걸은 적도 있다. 단지 걷기만 하면 된다고 생각했다. 다른 사람들도 산책 시간은 정해져 있지 않을 것이라고 생각했다.

그러던 어느 날 갑자기 **아침 시간이야말로 산책을 가장 규칙적으로 할 수 있는 시간임을 깨달았다.** 이른 아침 시간이라면 방해받을 일도 없었다.

기분 전환을 위해 집 근처를 어슬렁거리는 일은 재미없었다.

아침 일찍 지하철을 타고 도심까지 나가 황궁 주변의 도로를 걷기로 했다. 매일 아침 걸었다. 6개월짜리 지하철 정기권을 샀다. 그러자 마음이 내키지 않거나 귀찮은 날 아침에도 모처럼 산 정기권을 사용하지 않는다는 게 아깝다는 생각이 들어 스스로를 격려하며 산책하였다. 아침 일찍 운행하는 지하철은 텅텅 비어 있었지만, 아침 일찍 출근하는 사람도 있어 왠지 모르게 동지애 같은 것이 느껴지기도 했다.

산책은 건강에 좋다. 또한 두뇌활동에도 좋다. 이러한 사실을 알게 되었다기보다 깨달았다고 표현하는 것은 별 볼 일 없는 내 인생 속에 하나의 큰 사건이기 때문이다. 이렇듯 아침의 산책은 인생에서도 중요한 부분이라고 생각한다.

평범한 사람으로 대단한 일을 하지는 못했지만 아침의 사상, 아침 생활의 소중함을 스스로 깨달았다는 점을 기쁘게 생각하고 있다.

아침형 인간으로서 인생을 마감하고 싶다는 바람이다.

난독의 세렌디피티를 전하며

내가 쓴 책이 출판되어도 절대로 다른 사람에게 선물하지 않겠다고 마음먹은 지 40년 정도가 지났다. 개인적으로 아는 저자의 책은 읽지 않는 편이 좋다고 생각하여 그대로 실천해왔다. 물론 주위에서는 이런저런 말들을 한다. 그렇지만 굴하지 않고 지금까지 내 생각을 관철해왔다.

또 다른 이야기이기는 하지만, 외국어 원서 읽기의 고충도 이 책을 통해 상세하게 이야기했다. 그리고 올바르게 이해하기 어려웠던 점에 대해 말하면서 그와 동시에 잘못 이해한 책에서 생각지도 못한 발견을 할 수도 있다는 것을 깨달았다. 이것이 바로 세렌디피티라고 생각했다.

이 책은 구체적인 사례를 통해 세렌디피티를 명확하게 설명하는 책이다. 물론, 구체적인 사례로 세렌디피티를 정리할 수 있었던 것은 난독 덕분이라 할 수 있다.

2013년 7월에 개최된 도쿄국제북페어에서 강연을 맡아 독서와 사고에 관해 이야기한 적이 있다. 그 강연의 부제 또한 '난독의 세렌디피티'였다.

이 책의 일부는 그때의 강연과 겹치는 부분도 있지만 대부분은 새로 쓴 원고이다. 난독의 생각지도 못한 효과가 조금이나마 전달될 수 있다면 행복하겠다.

마지막으로 출판에 있어 많은 도움을 준 후소샤출판국 서적제3편집부 야마구치 요코 씨에게 감사의 인사를 전하고 싶다.

2014년 입춘

도야마 시게히코

당신의 편견을 깨는 생각지도 못한 독서법
나는 왜 책읽기가 힘들까?

초판 1쇄 발행 2016년 6월 27일

지은이 도야마 시게히코
옮긴이 문지영

발행인 곽철식
편집 김영혜 권지숙
발행처 다온북스

출판등록 2011년 8월 18일
주소 서울 마포구 동교로 144, 5층
전화 02-332-4972 팩스 02-332-4872

인쇄와 제본 ㈜중앙P&L

ISBN 979-11-85439-44-0 03320

「이 도서의 국립중앙도서관 출판예정도서목록(CIP)은 시지징보유동시원시스템
홈페이지(http://seoji.nl.go.kr)와 국가자료공동목록시스템(http://www.nl.go.kr/kolisnet)
에서 이용하실 수 있습니다.(CIP제어번호: CIP2016014027)」